भगवद्गीता

भगवद्गीता

जीवन का सार सरल शब्दों में

डॉ. सुधीर दीक्षित

MANJUL
मंजुल पब्लिशिंग हाउस

MANJUL

मंजुल पब्लिशिंग हाउस

कॉरपोरेट एवं संपादकीय कार्यालय

• द्वितीय तल, उषा प्रीत कॉम्प्लेक्स, 42 मालवीय नगर, भोपाल-462 003

विक्रय एवं विपणन कार्यालय

• सी-16, सेक्टर 3, नोएडा, उत्तर प्रदेश, 201301

वेबसाइट : www.manjulindia.com

वितरण केन्द्र

अहमदाबाद, बेंगलुरू, भोपाल, कोलकाता, चेन्नई,

हैदराबाद, मुम्बई, नई दिल्ली, पुणे

भगवद्गीता : जीवन का सार सरल शब्दों में

यह हिन्दी संस्करण 2024 में पहली बार प्रकाशित

ISBN 978-93-5543-544-6

Cover image: freepik

सुधीर दीक्षित इस पुस्तक के
लेखक होने की नैतिक ज़िम्मेदारी वहन करते हैं

मुद्रण व जिल्दसाज़ी : थॉमसन प्रेस (इंडिया) लिमिटेड

अनुक्रमणिका

भगवद्गीता के पाँच मुख्य उपदेश

1

भगवद्गीता का सबसे मुख्य उपदेश यह है कि मनुष्य को अपना कर्तव्य (धर्म) निष्काम और नि:स्वार्थ भाव से करना चाहिए। कर्म करते समय फल की इच्छा नहीं करें और ख़ुद को कर्ता समझने के बजाय निमित्त समझकर सारे कर्म ईश्वर को अर्पित करें। पूरी भगवद्गीता में भगवान श्रीकृष्ण अर्जुन से बार-बार कहते हैं कि क्षत्रिय वीर होने के कारण धर्मयुक्त युद्ध लड़ना उसका कर्तव्य है, इसलिए उसे राग-द्वेष छोड़ देना चाहिए और ख़ुद को कर्ता समझने के बजाय निमित्त समझकर अपना कर्तव्य करना चाहिए।

2

मनुष्य का वास्तविक स्वरूप शरीर नहीं, आत्मा है, इसलिए मोक्ष (जीवन-मरण के चक्र से मुक्ति) पाने के लिए प्रयास करना मनुष्य का परम कर्तव्य है। भगवद्गीता में बताया गया है कि जीवात्मा परमात्मा का अंश है और जीवात्मा नश्वर शरीर को बदलकर दूसरा जन्म लेती है। शरीर नश्वर और आत्मा अमर है, इसलिए मनुष्य को मुक्ति या मोक्ष के लिए प्रयास करना चाहिए, ताकि वह इस आवागमन के चक्र से मुक्त हो सके।

3 मनुष्य प्रकृति से उत्पन्न त्रिगुणमयी (सत्वगुण, रजोगुण और तमोगुण) माया के मोह में उलझा रहता है, इसलिए वह ईश्वर का स्मरण नहीं करता। भगवद्गीता का मुख्य संदेश यह है कि वेदों में बताए उपाय उन सकाम या इच्छायुक्त मनुष्यों के लिए हैं, जो सांसारिक सुख चाहते हैं, जबकि गीता में मोक्ष प्राप्त करने का मार्ग बताया गया है।

4 वैसे तो भगवद्गीता में कई योग हैं, लेकिन ईश्वर या मोक्ष को प्राप्त करने के जो तीन मुख्य मार्ग बताए गए हैं, वे हैं : सांख्य या ज्ञान योग, कर्मयोग और भक्ति योग। इनमें भक्ति योग (सगुण उपासना) सबसे आसान है, कर्म योग (कर्मफल का त्याग) मध्यम है और सांख्य या ज्ञान योग (निर्गुण उपासना) सबसे मुश्किल है। मनुष्य जिस भी योग के मार्ग पर चले, उसे पूरी एकाग्रता और समर्पण से ऐसा करना चाहिए।

5 भगवद्गीता में बताया गया है कि काम (इच्छा), क्रोध, लोभ, दंभ, अहंकार और अज्ञान मनुष्य को पतन की ओर ले जाते हैं। ये तमोगुण और रजोगुण के लक्षण हैं, अतः इनसे बचना चाहिए और कर्ता भाव छोड़कर समाज के हित के लिए सत्वगुण वाले अच्छे काम करना चाहिए।

प्रस्तावना

18 अध्याय और 700 श्लोकों वाली भगवद्गीता! इसे जितनी बार पढ़ेंगे, उतनी बार नए अर्थ समझ आएँगे, क्योंकि आपकी उम्र, परिस्थिति, अनुभव और ज्ञान हर बार अलग होगा।

इस पुस्तक में मैंने भगवद्गीता के हर अध्याय के 5 मुख्य विचार बताए हैं। साथ ही यह भी बताया है कि आप उनसे क्या सीख सकते हैं। हर अध्याय 5 पेज का है, जिसे आप कुछ ही समय में पढ़ सकते हैं। यानी 18 अध्याय पढ़ने में आपको कुछ ही घंटों से कम समय लगेगा, हालाँकि भगवद्गीता का मर्म समझने और जीवन में उतारने में तो शायद पूरी ज़िंदगी लग सकती है! इस पुस्तक का उद्देश्य भगवद्गीता का सारांश सरल भाषा में बताना है, ताकि आप इस महान ग्रंथ के संदेश और विचारों का लाभ ले सकें।

हालाँकि भगवद्गीता में आश्रमों (ब्रह्मचर्य, गृहस्थ, वानप्रस्थ और संन्यास) और पुरुषार्थों (धर्म, अर्थ, काम और मोक्ष) का वर्णन नहीं मिलता, लेकिन भगवद्गीता को समझने के लिए इनका ज्ञान अनिवार्य है, इसलिए इन्हें नीचे दी गई सारिणी में बताया गया है। ऐसा इसलिए, क्योंकि निष्काम कर्तव्यपालन भगवद्गीता का सबसे मुख्य सिद्धांत

है और आपका कर्तव्य क्या है, यह आपकी उम्र (आश्रम) व परिस्थितियों (पुरुषार्थ) के हिसाब से तय होता है।

इसलिए सबसे पहले तो यह पता लगाएँ कि आपकी उम्र के हिसाब से आपके पुरुषार्थ और मुख्य कर्तव्य क्या हैं। ध्यान रहे, दो पुरुषार्थ अर्थ (धन कमाना) और काम (कामवासना, संतति पैदा करना) केवल गृहस्थ आश्रम के लिए ही उचित हैं और बाक़ी आश्रमों के लिए नहीं हैं। धर्म का पुरुषार्थ सभी आश्रमों के लिए है, जबकि मोक्ष का पुरुषार्थ सामान्यत: वानप्रस्थ और संन्यास आश्रम के लिए है।

उम्र	**आश्रम**	**पुरुषार्थ**	**मुख्य कर्तव्य**
1–25	ब्रह्मचर्य आश्रम	धर्म	अध्ययन व बौद्धिक विकास
26–50	गृहस्थ आश्रम	धर्म, अर्थ काम	परिवार का भरण–पोषण, धनार्जन
51–75	वानप्रस्थ आश्रम	धर्म, मोक्ष	पारिवारिक ज़िम्मेदारियों से मुक्त होना और स्वयं का आध्यात्मिक विकास
76–100	संन्यास आश्रम	धर्म, मोक्ष	मोक्ष प्राप्ति के प्रयास करना

भगवद्गीता में त्रिगुणमयी माया (सत्वगुण, रजोगुण और तमोगुण) के बारे में विस्तार से बताया गया है कि यह पूरा संसार तीन गुणों का खेल है, इसलिए इन तीन गुणों को समझना अत्यंत महत्त्वपूर्ण है। तमोगुण का अर्थ है, अंधकार और अज्ञान। रजोगुण का अर्थ है, शक्ति, ऊर्जा और

पराक्रम। सत्वगुण का अर्थ है, पवित्रता और धार्मिकता, जो हर मनुष्य का ध्येय होना चाहिए। भगवद्गीता में बताया गया है कि इन तीन गुणों के कारण ही जीवात्मा अच्छी-बुरी योनियों में जन्म लेता है और ये तीनों गुण कमोबेश हर मनुष्य में होते हैं।

गुणों के संदर्भ में मनुष्य की प्रगति पर ग़ौर करें। जन्म के समय शिशु पूरी तरह अज्ञानी होता है अर्थात् बाल्यकाल में वह तामसिक होता है, क्योंकि वह दिन भर सोता भी है। धीरे-धीरे वह कर्म करने लगता है और ज्ञानार्जन करने लगता है, जिससे उसमें रजोगुण आने लगता है। फिर वह गृहस्थ आश्रम में पहुँचकर आजीविका कमाने लगता है। गृहस्थ आश्रम में मनुष्य में रजोगुण प्रधान होता है, क्योंकि इस उम्र में (26 से 50 वर्ष तक) वह इच्छाएँ पूरी करना चाहता है, भोग-विलास का जीवन जीना चाहता है और मान-सम्मान व प्रतिष्ठा चाहता है अर्थात् वह राजा जैसा (राजस) जीवन जीना चाहता है। पचास की उम्र के बाद युवक की ऊर्जा घटने लगती है, इसलिए वानप्रस्थ आश्रम में पहुँचने के बाद मनुष्य का अहंकार कम होने लगता है और ईश्वर में विश्वास बढ़ने लगता है, अर्थात् वह रजोगुण से सत्वगुण की ओर बढ़ने लगता है। संदेश यह है कि गुणों का यह विकास आपकी उम्र के बढ़ने के साथ स्वत: होता है, किंतु जब आप इस बारे में जागरूक हो जाते हैं, तो आप अपनी प्रगति ज़्यादा तेज़ी से कर सकते हैं।

इसलिए भगवद्गीता पढ़ते समय अपनी उम्र का विशेष ध्यान रखें। इसका अर्थ यह नहीं है कि 50 साल की उम्र के बाद मनुष्य को सारे कर्तव्य छोड़ देना चाहिए। भगवद्गीता

तो अंतिम समय तक कर्तव्यपालन का संदेश देती है, अर्थात् मनुष्य को सदैव अपने कर्तव्य का पालन करना चाहिए, बस कर्ता होने का भाव, आसक्ति व फल की इच्छा छोड़कर अपना हर कर्म ईश्वर के चरणों में अर्पित करना चाहिए और यह मानना चाहिए कि मनुष्य का वास्तविक स्वरूप शरीर नहीं, बल्कि आत्मा है। जब मनुष्य अपने कर्तव्य इस भाव से करता है कि इस त्रिगुणमयी (सत्वगुण, रजोगुण, तमोगुण) माया में गुण ही गुणों को भोगते हैं, तो उसके अंदर निष्काम भाव जाग्रत होता है और अहं भाव मिट जाता है।

भगवद्गीता पर आधारित क्विज

तमोगुण, रजोगुण और सत्वगुण – इन तीन गुणों के बारे में इतना पढ़ने के बाद अब आपके मन में यह जिज्ञासा होगी कि आपमें इस समय किस गुण की प्रधानता है। यह पता लगाने के लिए नीचे 25 प्रश्नों की आसान क्विज दी जा रही है, जिसे भगवद्गीता के आधार पर बनाया गया है। इस क्विज से आप तुरंत पता लगा सकते हैं कि आपमें कौन सा गुण प्रधान है।

नीचे हर प्रश्न के सामने तीन विकल्प दिए गए हैं। आपको जो विकल्प अपने बारे में सही लगता है, उस पर निशान लगा लें और क्विज के बाद दी गई सारणी में अंक भरकर यह जान लें कि आपमें इस समय किस गुण की प्रधानता है।

1. **आपका स्वभाव कैसा है?**

   (अ) आलसी या अकर्मण्य

   (ब) कर्मठ और सक्रिय

   (स) ज्ञानपिपासु और विवेकशील।

2. **कोई काम करते समय आपके मन में क्या विचार होता है?**

(अ) दूसरों का अहित

(ब) ख़ुद का स्वार्थ या लाभ की इच्छा

(स) निःस्वार्थ कर्तव्य पालन।

3. **इंद्रियों (स्पर्श, श्रवण, गंध, स्वाद और दृष्टि) के क्षेत्र में आपकी क्या स्थिति है?**

(अ) अनियंत्रित

(ब) भोग–विलास की प्रवृत्ति

(स) इंद्रियों पर पूर्ण नियंत्रण।

4. **आहार के संदर्भ में आपकी क्या स्थिति है?**

(अ) अनियंत्रित

(ब) मनपसंद भोजन की अति

(स) यथायोग्य आहार।

5. **नींद के मामले में आपकी क्या स्थिति है?**

(अ) हमेशा सोने की इच्छा

(ब) कम सोना

(स) यथायोग्य सोना।

6. **ईश्वर के भजन–पूजन के क्षेत्र में आपकी क्या प्रवृत्ति है?**

(अ) कभी पूजा नहीं करना

(ब) स्वार्थवश पूजा करना

(स) निष्काम भाव से पूजा करना।

7. **आपकी मूल प्रवृत्ति क्या है?**

(अ) आलस्य और निद्रा

(ब) इच्छा और आसक्ति

(स) विकाररहित और ज्ञानप्राप्ति की इच्छा।

8. **आपकी मुख्य रुचि किसमें है?**

(अ) नशे में

(ब) कर्म में

(स) ज्ञान और परोपकार में।

9. **आपकी मुख्य प्रवृत्ति कौन सी है?**

(अ) टालमटोल की प्रवृत्ति

(ब) लोभपूर्ण कर्म की प्रवृत्ति

(स) परोपकार की प्रवृत्ति।

10. **आपमें इनमें से किसकी प्रधानता है?**

(अ) अज्ञान

(ब) लोभ, काम और क्रोध

(स) वैराग्य और विवेक।

11. **आपको कैसा भोजन प्रिय है?**

(अ) अधपका, बासी और अपवित्र भोजन

(ब) नमकीन, खट्टा और मिर्च–मसालेदार भोजन

(स) स्वास्थ्यवर्धक और सात्विक आहार।

12. आपकी वाणी कैसी है?

(अ) दूसरों को पीड़ा पहुँचाने वाली

(ब) पाखंडी और स्वार्थी व्यवहार

(स) मधुर और शांतिदायक।

13. दान के क्षेत्र में आपकी क्या स्थिति है?

(अ) हमेशा लेने की आदत; कभी दान नहीं देना

(ब) स्वार्थवश दान देना

(स) कर्तव्यपालन के लिए दान देना।

14. कर्म के क्षेत्र में आपकी स्थिति कैसी है?

(अ) हिंसक और परपीड़क कर्म करना

(ब) स्वार्थ से प्रेरित होकर बहुत परिश्रम करना

(स) फल की इच्छा के बिना कर्तव्यपालन।

15. आप कैसे हैं?

(अ) अकारण घमंडी

(ब) अपनी योग्यताओं या सौंदर्य या शक्ति पर घमंड करते हैं

(स) अहंकाररहित।

16. आपको किस चीज़ में सुख मिलता है?

(अ) आलस, निद्रा व नशे में

(ब) इंद्रियसुख में

(स) भजन-पूजन और मानवता की सेवा में।

17. **आपकी मूल प्रवृत्ति क्या है?**

(अ) आप धूर्त और अनैतिक हैं

(ब) आप दूसरों से काम निकालने या कराने में चतुर हैं

(स) आप नि:स्वार्थ भाव से कर्तव्य पालन करते हैं।

18. **आपके प्रयासों का उद्देश्य क्या होता है?**

(अ) दूसरों का अनिष्ट करना

(ब) स्वार्थवश काम करना और भोग-विलास का आनंद लेना

(स) परोपकार, कर्तव्यपालन या ईश्वर प्राप्ति।

19. **आपको किस चीज़ से मोह है?**

(अ) पराई चीज़ों या स्त्रियों से

(ब) अपनी चीज़ों या अपनी स्त्री से

(स) सब कुछ ईश्वर का मानकर निर्मोही स्वभाव।

20. **कोई चीज़ ग़लत होने पर आप क्या मानते हैं?**

(अ) दूसरों की ग़लती

(ब) अपनी ग़लती

(स) हरि इच्छा।

21. **आपमें कौन सी आदत है?**

(अ) अकारण दूसरों की बुराई करना

(ब) ख़ुद को श्रेष्ठ दिखाने के लिए दूसरों की बुराई करना

(स) समभाव रखकर किसी की बुराई नहीं करना।

22. **आपमें कौन सी आदत है?**

(अ) अकारण दूसरों की चुगली करना

(ब) स्वार्थवश दूसरों की चुगली करना

(स) समभाव रखकर राग–द्वेष से परे रहना।

23. **आपमें कौन सी आदत है?**

(अ) हर व्यक्ति को शत्रु समझना

(ब) अपने स्वार्थ के हिसाब से मित्र और शत्रु तय करना

(स) राग–द्वेष से रहित होकर हर व्यक्ति में परमात्मा का अंश देखना।

24. **समय के संदर्भ में आपकी प्रवृत्ति क्या है?**

(अ) समय बरबाद करना

(ब) सांसारिक उन्नति में समय लगाना

(स) कर्तव्यपालन और ईश्वर की भक्ति में समय लगाना।

25. **आपमें कौन सी आदत है?**

(अ) शरीर और आत्मा के संबंध में ज्ञान या परवाह नहीं होना

(ब) शरीर के संबंध में ज्ञान और परवाह

(स) आत्मा के संबंध में ज्ञान और परवाह।

नोट : ऊपर दी गई क्विज में 25 प्रश्न हैं, जिनमें से प्रत्येक में आपको 4 में से अंक देना है। सभी प्रश्नों में अ

उत्तर तमोगुण दर्शाता है, ब उत्तर रजोगुण दर्शाता है और स उत्तर सत्वगुण दर्शाता है। यानी अगर किसी प्रश्न में आपका उत्तर अ है, तो तमोगुण में 4 अंक दें। यदि आपका उत्तर ब है, तो रजोगुण में 4 अंक दें। और यदि आपका उत्तर स है, तो सत्वगुण में 4 अंक दें।

(अ) तमोगुण

(ब) रजोगुण

(स) सत्वगुण

यदि किसी प्रश्न के संदर्भ में आप पशोपेश में हों और आपको लगे कि किसी प्रश्न में एक नहीं, बल्कि दो विकल्प लागू होते हैं, तो प्रबलता के आधार पर अंक बाँट दें (जैसे अगर तमोगुण और रजोगुण दोनों समान लगते हैं, तो आप उस प्रश्न के लिए दोनों के कॉलम में 2-2 अंक दे सकते हैं या अगर रजोगुण ज़्यादा व तमोगुण कम लगता है, तो आप रजोगुण वाले कॉलम में 3 और तमोगुण में 1 अंक दे सकते हैं)। अंत में तीनों कॉलम में लिखे गए कुल अंकों का योग कर लें, जिससे आपको पता चल जाएगा कि आपमें किस गुण की प्रधानता है।

प्रश्न	(अ) तमोगुण	(ब) रजोगुण	(स) सत्वगुण
1.			
2.			
3.			
4.			
5.			
6.			
7.			
8.			
9.			
10.			
11.			
12.			
13.			
14.			
15.			
16.			

प्रश्न	(अ) तमोगुण	(ब) रजोगुण	(स) सत्वगुण
17.			
18.			
19.			
20.			
21.			
22.			
23.			
24.			
25.			
कुल 100 अंक			

अब आपको अपना स्कोर पता चल गया है कि आपमें कौन सा गुण प्रधान है। अगर आपमें रजोगुण प्रधान है, तो चिंता की कोई बात नहीं है; आप इस संसार के ज़्यादातर लोगों जैसे हैं, क्योंकि रजोगुण सहज मानव स्वभाव है। अगर आपमें तमोगुण प्रधान है, तो आपको इस क्षेत्र में प्रयास करने की ज़रूरत है, क्योंकि तमोगुण पशुवत् स्वभाव है। और अगर आपमें सत्वगुण प्रधान है, तो आप संसार के

ज़्यादातर लोगों से श्रेष्ठ हैं, क्योंकि सत्वगुण देवताओं का स्वभाव है।

इस क्विज से आपको समझ आ गया होगा कि आपका पहला उद्देश्य तमोगुण वाली सारी चीज़ों को छोड़ना है, क्योंकि तमोगुण में मनुष्य पशुवत् अवस्था में रहता है अर्थात् वह अज्ञानी, मूर्ख, आलसी आदि होता है। लेकिन यह ध्यान रखें कि एक ही झटके में सीधे सत्वगुण पर पहुँचने की कोशिश नहीं करें, बल्कि धीरे-धीरे तमोगुण छोड़कर रजोगुण की ओर बढ़ें और फिर उम्र बढ़ने पर सत्वगुण की ओर प्रगति करें। तत्काल संत या संन्यासी बनने की कोशिश नहीं करके क्रमशः प्रगति करें। मनुष्य के जीवन में चारों पुरुषार्थ आवश्यक हैं - धर्म, अर्थ, काम और मोक्ष - इसलिए आश्रम व्यवस्था को ध्यान में रखते हुए इसी क्रम से आगे बढ़ें।

1

अर्जुन विषाद योग

अध्याय 1 का सार

पांडव और कौरव सेनाएँ कुरुक्षेत्र में युद्ध लड़ने के लिए तैयार हैं। धृतराष्ट्र का ज्येष्ठ पुत्र दुर्योधन कौरव सेना के सेनापति द्रोणाचार्य को दोनों सेनाएँ दिखाकर कहता है कि कौरव सेना संख्या में बड़ी है, इसलिए उनकी जीत पक्की है।

अर्जुन अपने सारथी भगवान श्रीकृष्ण से कहते हैं कि वे रथ को दोनों सेनाओं के बीच खड़ा करें। शत्रु सेना में खड़े अपने रिश्तेदारों और गुरुओं को देखकर अर्जुन दुखी हो जाता है और अपने धनुष-बाण नीचे रखकर युद्ध लड़ने से इंकार कर देता है।

अति आत्मविश्वासी नहीं बनें

मूल विचार : दुर्योधन द्रोणाचार्य को दोनों सेनाएँ दिखाकर अंत में कहता है, हमारी सेना अजेय है, जिसकी रक्षा भीष्म कर रहे हैं, जबकि पांडवों की सेना को जीतना आसान है, जिसकी रक्षा भीम कर रहा है।

बिंदु : युद्ध से पहले दुर्योधन का यह निष्कर्ष संख्या पर आधारित है, क्योंकि कुरु सेना में ज़्यादा सैनिक हैं (11 अक्षौहिणी, 12 लाख सैनिक), जबकि पांडव सेना में कम हैं (7 अक्षौहिणी, 7.6 लाख सैनिक)। अति आत्मविश्वासी दुर्योधन भूल जाता है कि पांडव सेना के पक्ष में स्वयं भगवान श्रीकृष्ण और धर्म हैं, इसलिए पांडवों के जीतने की संभावना ज़्यादा है।

युवाओं के लिए संदेश : दुर्योधन की तरह अति आत्मविश्वासी नहीं बनें। किसी काम पर विचार करते समय केवल संख्याओं के आधार पर निर्णय नहीं लें। आपको सावधानी से स्थिति के सभी पहलुओं पर विचार करना चाहिए। गुरिल्ला युद्ध में छोटी सेना भी बड़ी सेना को हरा देती है और यह स्टार्टअप जगत में भी सही है।

कोई काम करने से पहले स्थिति का सावधानी से आकलन करें

मूल विचार : अर्जुन भगवान श्रीकृष्ण से कहता है कि वे रथ को दोनों सेनाओं के बीच में ले चलें, ताकि वह शत्रु सेना के योद्धाओं का अवलोकन कर ले, जिनके साथ उसे युद्ध लड़ना है।

बिंदु : अर्जुन स्थिति का जायज़ा लेना चाहता है। आपको कोई काम करने से पहले अपने लक्ष्य और बाधाओं को जानना होता है। इसके बाद ही आप जीतने के लिए अपनी सर्वश्रेष्ठ रणनीति तैयार करते हैं।

युवाओं के लिए संदेश : किसी काम को करने से पहले स्थिति का अच्छी तरह आकलन करें। क्या आप वह काम कर सकते हैं? अगर हाँ, तो कितने समय में? कौन सी बाधाएँ आ सकती हैं और आप उनसे कैसे उबर सकते हैं? डेडलाइन क्या है? आप काम को डेडलाइन तक या उससे पहले कैसे पूरा कर सकते हैं? डेडलाइन के भीतर लक्ष्य हासिल करने की स्पष्ट योजना बना लें। उचित आकलन के बाद ही योजना बनाएँ। जैसा कहा जाता है, सफलता का सूत्र यह है कि 'अपने काम की योजना बनाएँ और फिर अपनी योजना पर काम करें।'

शंका इच्छाशक्ति की शत्रु है

मूल विचार : शत्रु सेना को देखकर अर्जुन यह सोचकर दहशत में आ जाता है कि उसे अपने रिश्तेदारों और गुरुओं को मारना होगा। वह कहता है, 'कृष्ण, मुझे विजय, राजपाट और ख़ुशियाँ नहीं चाहिए। इन लोगों को मारने के बाद राजपाट या विलासिताएँ या जीवन भी हमारे किस काम का रहेगा?'

बिंदु : अर्जुन के मन में शंका आ जाती है कि क्या यह युद्ध सही है और वह इस युद्ध को जीत सकता है या नहीं। शंका के कारण उसकी युद्ध करने की इच्छा ख़त्म हो जाती है। शंका इच्छाशक्ति की शत्रु है। जब हमें परिणाम या अपनी योजना के बारे में शक होने लगता है, तो हमारी इच्छाशक्ति कमज़ोर हो जाती है और हम काम टालने के बहाने बनाने लगते हैं।

युवाओं के लिए संदेश : शंकाएँ और बहाने आम तौर पर तब आते हैं, जब हमें कोई बड़ा या मुश्किल काम करना होता है, जिसमें हमें अपनी सफलता पर संदेह होता है। शंका के कारण हम अपने मूल निर्णय या इरादे को रद्द कर देते हैं। देखिए, जब आपको चार पेज का आसान होम असाइनमेंट लिखना होता है, तो आपको अपनी योजना या सफलता का विश्वास होता है। दूसरी ओर, जब आपको 400 पेज की पीएच.डी. थीसिस लिखनी होती है, तो आप

आम तौर पर इस काम को टालते जाते हैं, क्योंकि इतने बड़े काम को देखकर आपके हाथ-पाँव फूल जाते हैं और आपको इसे करने की अपनी योग्यता पर संदेह होने लगता है, जैसा अर्जुन को हुआ था।

अकर्मण्यता बहाने बनाती है

मूल विचार : अर्जुन कहता है, युद्ध से पूरा कुल नष्ट हो जाएगा, जिससे युगों पुरानी पारिवारिक परंपराएँ नष्ट हो जाएँगी, जिससे हम लोगों को नरक में रहना पड़ेगा। कुल के पुरुषों की मृत्यु होने पर परिवार की महिलाएँ भ्रष्ट हो जाएँगी, जिससे वर्णसंकर जातियाँ उत्पन्न होंगी।

बिंदु : यहाँ अर्जुन बहाने बना रहा है और अपनी अकर्मण्यता को तर्कसंगत साबित करने की कोशिश कर रहा है। जब भी मनचाहा परिणाम मिलने में शंका होती है, तो हमारे अंदर काम करने की इच्छा ख़त्म हो जाती है और हम अपनी अकर्मण्यता को तार्किक साबित करने लगते हैं। अर्जुन को विश्वास नहीं है कि क्या पांडव इस युद्ध में जीतेंगे और अगर वे जीत भी गए, तो इसके लिए कितनी भारी क़ीमत चुकाएँगे।

युवाओं के लिए संदेश : बहाने 'तर्कसंगत' लगते हैं, जो इंसानों की मनोवैज्ञानिक आवश्यकता है। याद रखें, यहाँ अर्जुन सबसे बुरे भविष्य की कल्पना कर रहा है, यानी सोच रहा है कि पूरा कुल ही नष्ट हो जाएगा। संदेह होने पर मनुष्य सबसे बुरे की कल्पना करने लगता है, इसलिए संदेह से बचें। एक बार सोच-विचारकर योजना बनाएँ और फिर पूरे विश्वास के साथ उस योजना पर अमल करें।

निराशा हमें डरपोक बनाती है

मूल विचार : अर्जुन कहता है, हम राजपाट और भोगविलास की इच्छा के कारण अपने ही बंधु-बांधवों को मारकर घोर पाप करने वाले हैं। यह सोचकर अर्जुन का मन दुख से भर जाता है और वह अपने धनुष-बाण दूर रख देता है।

बिंदु : कभी विचलित या दुखी मानसिक अवस्था में अपने निर्णय पर संदेह नहीं करें। हमेशा किसी काम को करने या नहीं करने का निर्णय तब लें, जब आपका मन संतुलित और शांत हो। तनाव, क्रोध या अशांत मानसिकता में निर्णय लेना हानिकारक हो सकता है, क्योंकि हम सभी काम की विराटता को देखकर घबरा सकते हैं।

युवाओं के लिए संदेश : सबसे पहले आप शांत मानसिकता से निर्णय लेते हैं। फिर काम करने का समय आता है... फिर शंका आती है... फिर निराशा आती है। इस दुष्चक्र को अच्छी तरह पहचान लें। मान लें, आप अगले सोमवार या कल से वज़न घटाने का निर्णय लेते हैं। जब काम करने का समय आता है, तो आपको शंका होने लगती है कि क्या आप अपना वज़न कम कर पाएँगे। फिर आप इस तरह के बहाने बनाने लगते हैं कि इस सप्ताह बहुत ज़्यादा व्यस्तता है, इसलिए मैं यह काम अगले सप्ताह से करूँगा। ऐसा हर्गिज़ नहीं करें। अपनी मूल योजना पर स्वचालित रूप से काम करें। याद रखें, जब आप बड़ी चीज़ों के बजाय

छोटी चीज़ों की योजना बनाते हैं, तो आपकी सफलता की संभावना बढ़ जाती है, क्योंकि तब शंका या निराशा आपको नहीं सताती है।

2

सांख्य योग

सारांश

यह अध्याय पूरी भगवद्गीता की नींव है। इसमें सांख्य योग और कर्मयोग दोनों का वर्णन है। इसमें बताया गया है कि आसक्ति के बिना अपने कर्तव्य या धर्म का पालन करना ही मनुष्य का लक्ष्य है। मोक्ष प्राप्ति और परमात्मा में विलीन होना ही मनुष्य का चरम लक्ष्य है, क्योंकि मनुष्य का वास्तविक स्वरूप शरीर नहीं, आत्मा है।

भगवान श्रीकृष्ण अर्जुन से कहते हैं कि शरीर नश्वर है, जबकि जीवात्मा अमर है, इसलिए वह शत्रु सेना में खड़े रिश्तेदारों व गुरुओं के शरीर के नष्ट होने का शोक नहीं करे। अर्जुन को क्षत्रिय धर्म का पालन करना चाहिए, जिसके लिए धर्मयुक्त युद्ध से बढ़कर कोई कर्तव्य नहीं है। धर्मयुक्त युद्ध नहीं करने से कर्तव्य की अवहेलना होगी और अर्जुन की बदनामी भी होगी, क्योंकि लोग निंदा करेंगे कि अर्जुन डरकर युद्ध से भाग गया। जीत हो या हार, अर्जुन को

युद्ध इसलिए करना चाहिए, क्योंकि यह उसका कर्तव्य है। भगवान श्रीकृष्ण अर्जुन से कहते हैं कि तेरा कर्म यानी कर्तव्य करने पर अधिकार है, फल यानी परिणाम पर नहीं है, इसलिए तुझे फल की इच्छा या आसक्ति नहीं रखना चाहिए। जो मनुष्य मन की सारी कामनाओं को त्याग देता है, जो सुख–दुख, राग–द्वेष से परे होता है, जिसकी सारी इंद्रियाँ उसके नियंत्रण में होती हैं, वही स्थितप्रज्ञ कहलाता है।

आत्मज्ञान का महत्त्व

विचार : भगवद्गीता में आत्मज्ञान का सिद्धांत बताया गया है कि मनुष्य का वास्तविक स्वरूप नश्वर शरीर, मन या मस्तिष्क नहीं, बल्कि अमर आत्मा है। शरीर नश्वर और अस्थायी है, जबकि आत्मा अमर और स्थायी है। जिस तरह मनुष्य पुराने, घिसे हुए कपड़ों को उतारकर नए वस्त्र पहनता है, उसी तरह अमर जीवात्मा भी पुराने, जीर्ण-शीर्ण शरीर को त्यागकर नया शरीर धारण करती है।

बिंदु : आत्मज्ञान अनिवार्य है। आत्मज्ञान के लिए हमें ख़ुद से इस तरह के प्रश्न पूछने चाहिए, मैं कौन हूँ और मुझे इस पृथ्वी पर क्यों भेजा गया है? मेरे जीवन का क्या उद्देश्य है, मेरा कर्म-आह्वान क्या है?

युवाओं के लिए संदेश : सुकरात के अनुसार पूरे दर्शन का सार इन शब्दों में है, 'ख़ुद को जानो।' आत्मज्ञान सफलता के लिए अनिवार्य है। अपनी विशेष शक्तियों और कमज़ोरियों को पहचानें। ज़्यादा सफल होने के लिए अपनी शक्ति के क्षेत्रों में ज़्यादा काम करें और कमज़ोर क्षेत्रों से बचें। सिर्फ़ इसी से आप इतने ज़्यादा सफल हो जाएँगे, जितनी आप कल्पना भी नहीं कर सकते।

आपका समय सीमित है

मूल विचार : भगवान श्रीकृष्ण कहते हैं, जिसने जन्म लिया है, उसकी मृत्यु तय है और जिसकी मृत्यु होती है, उसका पुनर्जन्म तय है। शरीरधारी जन्म से पहले और मृत्यु के बाद मानव इंद्रियों को दिखाई नहीं देते हैं यानी वे केवल जन्म और मृत्यु के बीच की अवधि में ही दिखाई देते हैं। तो फिर किस बात का शोक है?

बिंदु : सभी भौतिक चीज़ें नश्वर हैं, जिनमें हमारा शरीर शामिल है। मनुष्य इस पृथ्वी पर केवल सीमित समय के लिए अपनी भूमिका निभाता है। इसलिए हमें सावधानी से विचार करना चाहिए कि हमारी भूमिका क्या है, हमारा कर्तव्य क्या है और हमें अपनी सीमित जीवन-अवधि में क्या करना चाहिए।

युवाओं के लिए संदेश : युवा यह नहीं सोच पाते कि इस पृथ्वी पर उनका समय सीमित है और जल्दी ही बुढ़ापे के कारण उनका स्वास्थ्य, ऊर्जा और शक्ति चली जाएगी। याद रखें, आपके पूर्वजों की तरह ही आप भी कुछ सालों या दशकों बाद बूढ़े होंगे और इस धरती से विदा लेंगे। इसलिए ईश्वर द्वारा आपको दिए गए गुणों और प्रतिभा का ज़्यादा से ज़्यादा इस्तेमाल करें, युवावस्था ही प्रगति करने का सर्वश्रेष्ठ समय है।

अपना कर्तव्य (धर्मपालन) करें

मूल विचार : भगवान श्रीकृष्ण अर्जुन से कहते हैं, धर्मसंगत युद्ध लड़ना क्षत्रिय (वीर) का कर्तव्य है। तुम अपने कर्तव्य से विमुख क्यों होते हो? अगर तुम अपना कर्तव्य नहीं करोगे, तो तुम्हारी प्रतिष्ठा धूमिल हो जाएगी और तुम पाप के भागी भी बनोगे। लोग यह भी सोचेंगे कि तुम डर के कारण युद्ध से भाग गए। युद्ध में मरने पर तुम स्वर्ग में जाओगे और युद्ध में जीतने पर इस पृथ्वी के स्वामी बनोगे। इसलिए दोनों स्थितियों में तुम्हें कोई नुक़सान नहीं है। इसलिए उठकर लड़ो। विजय और पराजय को एक समान समझते हुए धर्मसंगत युद्ध करो; इस तरह कर्तव्य की ख़ातिर लड़ने से तुम्हें पाप नहीं लगेगा।

बिंदु : कर्तव्य वह है, जो अपनी वर्तमान स्थिति में हमें करना चाहिए।

युवाओं के लिए संदेश : कर्तव्य और धर्म पर्यायवाची हैं। क्षत्रिय और वीर योद्धा होने के नाते न्यायपूर्ण युद्ध लड़ना अर्जुन का कर्तव्य है, इसलिए भगवान अर्जुन से कर्तव्य का पालन करने को कहते हैं। इसी तरह आपको भी अपने कर्तव्य का पालन करने में सजग रहना चाहिए। विद्यार्थी के रूप में आपका कर्तव्य वह करना है, जो एक आदर्श विद्यार्थी को करना चाहिए। कर्मचारी के रूप में आपका कर्तव्य वह करना है, जो एक आदर्श कर्मचारी को करना चाहिए।

फल की इच्छा नहीं करें

मूल विचार : भगवान श्रीकृष्ण अर्जुन से कहते हैं कि मनुष्य का अधिकार केवल काम पर है, उसके फल या परिणाम पर नहीं है। शास्त्रों में बताए गए कर्तव्य करो, आसक्ति और मोह छोड़ दो, अपने प्रयास की सफलता और असफलता में समभाव से रहो। यह समभाव ही 'योग' कहलाता है। योग (ईश्वर के साथ स्थायी संयोग) प्राप्त करने के लिए ईश्वर के चिंतन-मनन पर अविचलित एकाग्रता आवश्यक है। जिस समय मनुष्य मन की सारी कामनाओं को छोड़ देता है, उस समय वह स्थितप्रज्ञ कहलाता है।

बिंदु : जब हम फल की इच्छा से काम करते हैं, तो दो चीज़ें हो सकती हैं, या तो हमें मनचाहा परिणाम मिल जाएगा (जिस कारण हमारा अहं और कर्ता भाव बढ़ जाएगा, जो हमारे लिए अच्छा नहीं है) या फिर हमें मनचाहा परिणाम नहीं मिलेगा (जिससे हमें दुख होगा और हम कुंठित व असफल महसूस करेंगे)। दोनों ही स्थितियों में हमारा नुक़सान है, इसलिए फल या परिणाम के प्रति आसक्ति नहीं होना चाहिए।

युवाओं के लिए संदेश : हमें अपने काम के सकारात्मक और नकारात्मक पहलुओं पर सावधानी से विचार करना चाहिए, पूरी योजना बनाना चाहिए, लेकिन फल की इच्छा के बिना अपना कर्तव्य करना चाहिए। और हाँ, अपने काम पर पूरी एकाग्रता रखें, ताकि सफलता की संभावना बढ़ जाए।

आप जिस बारे में सोचते हैं, उसे आकर्षित करते हैं

मूल विचार : जब मनुष्य इंद्रिय-विषयों से अपनी इंद्रियों को हटा लेता है, तो उसका मन स्थिर हो जाता है। विषयों पर मन केंद्रित होने से आसक्ति उत्पन्न होती है, आसक्ति से काम (इच्छा) उत्पन्न होता है और अपूर्ण इच्छा से क्रोध उत्पन्न होता है, क्रोध से मूढ़ता उत्पन्न होती है, मूढ़ता से स्मृति भ्रम होता है और स्मृति भ्रम से बुद्धि का नाश होता है तथा बुद्धि के नाश से मनुष्य का विनाश होता है।

विचारणीय बिंदु : किसी विषय के बारे में लगातार सोचने से उसके प्रति आकर्षण बढ़ता है और उसे प्राप्त करने की इच्छा मन में आ जाती है।

युवाओं के लिए संदेश : इसका अर्थ है कि आप जिस बारे में सोचते हैं, उसके प्रति आकर्षित होते हैं। अगर भोजन के बारे में सारे समय सोचेंगे, तो आपका खाने का मन होता रहेगा, जिससे आपका वज़न बढ़ जाएगा। दूसरी तरफ़, अगर आप सारे समय स्वास्थ्य के बारे में सोचेंगे, तो आप अपने आहार को नियंत्रित करने की ओर आकर्षित होंगे, जिससे आपका वज़न कम हो जाएगा। इसलिए अगर आप अच्छी चीज़ों को अपने जीवन में आकर्षित करना चाहते हैं, तो अच्छी चीज़ों पर अपने मन को केंद्रित करें।

3

कर्म योग

यह अध्याय फल के प्रति आसक्ति छोड़कर कर्तव्य करने का महत्त्व बताता है, क्योंकि यही कर्मयोग है, जो मुक्ति का मार्ग है। भगवान श्रीकृष्ण अर्जुन को योद्धा के रूप में उसका कर्तव्य करने और कर्म के फल की आसक्ति छोड़ने को कहते हैं।

भगवान श्रीकृष्ण अर्जुन को कर्मयोग यानी निष्काम कर्म का मार्ग बताते हैं, जो मोक्ष प्रदान करता है। वे कहते हैं कि मनुष्य को फल की इच्छा किए बिना कर्म करना चाहिए और यदि मनुष्य फल में अनासक्त होकर अपने कर्तव्य कर्म करता है, तो वह जीवन-मरण के चक्र से मुक्त हो जाता है यानी मोक्ष प्राप्त कर लेता है। वे कहते हैं कि मनुष्य को इंद्रियों को वश में करके काम (इच्छा) पर विजय पाना चाहिए, क्योंकि रजोगुण से उत्पन्न यह काम ही मनुष्य का सबसे बड़ा शत्रु है। भगवान श्रीकृष्ण अर्जुन से कहते हैं कि तू अपने संपूर्ण कर्म मुझे अर्पित करके आशा, कामना और शंका से रहित होकर युद्ध कर।

ईश्वर को प्राप्त करने के दो मार्ग

मूल विचार : भगवान श्रीकृष्ण कहते हैं कि ईश्वर को प्राप्त करने के दो मार्ग हैं : एक है ज्ञानयोग, जो विचारशील लोगों के लिए है और दूसरा है कर्मयोग (आसक्तिरहित या निष्काम कर्म), जो बाक़ी सबके लिए है।

बिंदु : यहाँ भगवान श्रीकृष्ण ईश्वर को प्राप्त करने के तीसरे मार्ग भक्तियोग का उल्लेख नहीं करते हैं, जो भगवद्गीता के अध्याय 7, 9 और 12 में बताया गया है।

युवाओं के लिए संदेश : युवाओं में भरपूर ऊर्जा होती है, इसलिए उन्हें कर्मकेंद्रित होना चाहिए, हालाँकि कर्म स्वार्थ नहीं, कर्तव्य के आधार पर करना चाहिए। अगर हम अपने कर्तव्य को फल की इच्छा के बिना निःस्वार्थ भाव से करते हैं, तो यह ईश्वर की आराधना का सर्वश्रेष्ठ रूप है। अनासक्त होना आसान नहीं है, लेकिन हमें जहाँ तक हो सके, सही कर्म करना चाहिए और हमारी अंतरात्मा हमें बता देती है कि सही क्या है और ग़लत क्या है।

कर्म अनिवार्य है

मूल विचार : भगवान श्रीकृष्ण कहते हैं कि मनुष्य कर्म नहीं करके कर्मबंधन से स्वतंत्र नहीं हो सकता, क्योंकि कोई भी एक पल के लिए भी कर्महीन नहीं होता। प्रकृति की शक्तियाँ हमें कर्म करने के लिए विवश करती हैं।

बिंदु : मनुष्य परिस्थितियों के कारण कर्म करने के लिए विवश होता है, क्योंकि साँस लेना भी एक कर्म है और शरीर के भीतर हर पल होने वाली प्रक्रियाएँ भी कर्म ही हैं। अगर हम कर्म नहीं करने का चुनाव करते हैं, तो हमारी निष्क्रियता भी एक कर्म है।

युवाओं के लिए संदेश : कर्म सृष्टि का नियम है। सभी वस्तुएँ और व्यक्ति परिवर्तनशील हैं और लगातार बदल रहे हैं। हालाँकि हम बाहर से निष्क्रिय लग सकते हैं, लेकिन हर साँस के साथ हमारे शरीर के भीतर बहुत कुछ बदलता रहता है। हमें सावधान रहना चाहिए कि हमारे बाहर और भीतर होने वाले परिवर्तन सकारात्मक और प्रगतिशील हों। इसलिए हमें हर दिन बेहतर बनने की कोशिश करना चाहिए और सक्रिय होकर संसार को बेहतर बनाने का प्रयास करना चाहिए।

इंद्रियसुख पर केंद्रित जीवन व्यर्थ है

मूल विचार : भगवान श्रीकृष्ण कहते हैं, निःस्वार्थ कर्म के अतिरिक्त हर काम मनुष्य को बाँधता है। इसलिए कर्म के फलों के प्रति निःस्वार्थ आसक्ति छोड़ने के लिए अपना कर्तव्य कुशलता से करें। जो लोग अपना कर्तव्य नहीं करते हैं और पाप व इंद्रियसुख के भोग वाला जीवन जीते हैं, उनका जीवन निरर्थक होता है। निःस्वार्थ सेवा (कर्मयोग) समाज के कल्याण के लिए होना चाहिए।

बिंदु : अपने कर्तव्य को कुशलता से करें और फल की इच्छा या आसक्ति के बिना करें, क्योंकि निःस्वार्थ कर्म करने से ही ईश्वर प्राप्त होता है। इच्छा, आसक्ति और मानसिक दुख से रहित होकर आध्यात्मिक मानसिकता में अपने सारे कर्म ईश्वर को अर्पित करते हुए अपना कर्तव्य करें।

युवाओं के लिए संदेश : अपनी बुद्धि या विवेक का इस्तेमाल करें और भावावेग में काम नहीं करें। निःस्वार्थ दृष्टिकोण से विचार करें कि इस स्थिति में सही काम क्या है, मेरा कर्तव्य क्या है, मुझे क्या करना उचित है। व्यक्तिगत लाभ के बारे में नहीं सोचकर अपने कर्तव्य के बारे में सोचें। दृष्टिकोण में इस छोटे से परिवर्तन से चमत्कार हो सकते हैं।

विद्यार्थियों को अपने अध्ययन को सर्वश्रेष्ठ तरीक़े से करना चाहिए, क्योंकि यह उनका कर्तव्य है। उन्हें कक्षा में अव्वल आने की इच्छा से काम नहीं करना चाहिए। यदि वे सर्वश्रेष्ठ तरीक़े से अध्ययन करेंगे, तो परीक्षा में उनका प्रदर्शन अपने आप अच्छा होगा।

ख़ुद को कर्ता नहीं मानें

मूल विचार : भगवान श्रीकृष्ण कहते हैं कि अज्ञानी अपने कर्म के फलों में आसक्ति रखकर काम करते हैं। बुद्धिमानों को चाहिए कि वे आसक्ति के बिना समाज के कल्याण के लिए काम करें। प्रकृति की शक्तियाँ ही सारा काम करती हैं, लेकिन अज्ञानवश लोग ख़ुद को कर्ता मान लेते हैं। जो यह सत्य जान लेता है कि काम मनुष्य नहीं, बल्कि प्रकृति की शक्तियाँ करती हैं, वह ख़ुद को कर्ता नहीं मानता और फल में आसक्ति नहीं रखता। वह जानता है कि प्रकृति की शक्तियाँ हमारे अंगों को साधन बनाकर अपना काम कराती हैं। हर व्यक्ति अपनी प्रकृति के अनुसार काम करता है। लेकिन जो लोग प्रकृति की माया नहीं समझते हैं, वे प्रकृति की शक्तियों के काम के प्रति आसक्ति रखते हैं। इच्छा और मानसिक अशांति से ख़ुद को मुक्त करने के लिए सारे कार्य ईश्वर को अर्पित करें।

बिंदु : इंद्रियों के राग-द्वेष इंद्रियों में रहते हैं। मनुष्य को राग-द्वेष के नियंत्रण में नहीं रहना चाहिए, क्योंकि ये दोनों ही आत्म-साक्षात्कार के मार्ग की मुख्य बाधाएँ हैं।

युवाओं के लिए संदेश : प्रकृति हर मनुष्य को उसके स्वभाव के अनुरूप काम करने के लिए विवश करती है, इसलिए आपको अपनी उपलब्धियों के लिए श्रेय नहीं लेना चाहिए या अपनी योग्यताओं पर घमंड नहीं करना चाहिए। अहंकार से बचें।

इच्छा ही पाप का मूल है

मूल विचार : भगवान श्रीकृष्ण कहते हैं कि इच्छा अधूरी होने पर क्रोध को जन्म देती है, इसलिए इच्छा या काम ही मुख्य शत्रु है। जिस तरह धुआँ आग को ढँक लेता है, उसी तरह अपूर्ण इच्छा भी आत्मज्ञान को ढँक लेती है, इसलिए यह बुद्धिमानों की शत्रु है। इंद्रियाँ, मन और बुद्धि इच्छा के वासस्थान हैं, जिनसे आत्मज्ञान ढँक जाता है। इसलिए हे अर्जुन, सबसे पहले इंद्रियों को नियंत्रित करके इस भौतिक इच्छा रूपी शैतान को मार, जो आत्मज्ञान और विवेक को नष्ट करता है। इंद्रियाँ शरीर से श्रेष्ठ हैं, मन इंद्रियों से श्रेष्ठ है, बुद्धि मन से श्रेष्ठ है और आत्मा बुद्धि से श्रेष्ठ है। इसलिए आध्यात्मिक साधनों से विवेक या बुद्धि को शुद्ध करके मन को नियंत्रित करके ही मनुष्य इस शक्तिशाली शत्रु इच्छा को मार सकता है।

बिंदु : इच्छा मनुष्यों को कर्म करने की प्रेरणा देती है, लेकिन दूसरी ओर इच्छा ही मनुष्यों की ज़्यादातर कुंठा, असफलता और दुख का कारण भी है। एक इच्छा पूरी होने से दूसरी इच्छा उत्पन्न हो जाती है। इच्छा अधूरी रहने पर कुंठा और असफलता उत्पन्न होती है। यानी इच्छा दोनों तरह से हानिकारक है, इसलिए मनुष्य को स्वार्थरहित तरीक़े से काम करना चाहिए।

युवाओं के लिए संदेश : युवाओं में अनंत इच्छाएँ होती हैं। आप जीवन में सारी अच्छी चीज़ें चाहते हैं, लेकिन आपको अधिकतम लाभ पाने के लिए अपनी इच्छा को नियंत्रित करना चाहिए। गृहस्थ के रूप में ज़्यादा से ज़्यादा आमदनी कमाना और अच्छा जीवन जीना आपका कर्तव्य है, लेकिन ग़रीबों और ज़रूरतमंदों को दान देना भी आपका कर्तव्य है।

4

ज्ञान कर्म संन्यास योग

सारांश

भगवान श्रीकृष्ण अर्जुन से कहते हैं कि मोक्ष या आत्म-साक्षात्कार ही जीवन का परम लक्ष्य है, जो ईश्वर की भक्ति और मनन से प्राप्त किया जा सकता है। इस अध्याय में भगवान श्रीकृष्ण चतुर्वर्ण की उत्पत्ति के बारे में बताते हैं। वे कर्म (सकाम कर्म यानी फल की इच्छा से कोई काम करना) और अकर्म (निष्काम कर्म) में अंतर बताते हैं। वे आसक्ति, राग-द्वेष, ईर्ष्या और देहाभिमान छोड़ने का उपदेश देते हैं। वे कहते हैं कि विवेकहीन और श्रद्धारहित संशययुक्त मनुष्य के लिए ना तो इस लोक में, ना ही परलोक में सुख है, इसलिए हे अर्जुन, अपने अज्ञान से उत्पन्न संशय का ज्ञानरूपी तलवार से छेदन करके समत्वरूप कर्मयोग में स्थित हो जा और युद्ध के लिए खड़ा हो जा।

अनन्य भक्ति रखें

मूल विचार : भगवान श्रीकृष्ण कहते हैं, आसक्ति, भय और क्रोध से पूरी तरह मुक्त होकर, मुझमें पूरी तरह लीन होकर, मुझ पर निर्भर होकर कई लोग मेरे साथ एकाकार हो चुके हैं।

बिंदु : यहाँ भगवान श्रीकृष्ण परमात्मा के साथ एकाकार होने की कुंजी बताते हैं। जो ईश्वर पर पूरी तरह निर्भर हो जाता है, वह भक्ति मार्ग पर चलकर ईश्वर को प्राप्त कर लेता है। जो ईश्वर में लीन या तल्लीन है, वह सांख्य योग का अभ्यासी बन जाता है। यदि मनुष्य आसक्ति और राग-द्वेष से मुक्त है, तो वह कर्मयोग का अभ्यासी बन जाता है। अर्थात् यह ईश्वर को प्राप्त करने का सबसे अचूक रास्ता है।

युवाओं के लिए संदेश : आजकल नास्तिकता फ़ैशन में है, लेकिन हृदय से की गई प्रार्थना में बहुत शक्ति होती है। स्वस्थ, ऊर्जावान और चिंतामुक्त अवस्था में आप अपनी आध्यात्मिक संभावनाओं को भूल जाते हैं। आपको परमात्मा सिर्फ़ दुख में याद आता है। लेकिन याद रखें, आप हृदय से प्रार्थना करके परमात्मा के साथ कभी भी संबंध जोड़ सकते हैं। याद रखें, सच्ची प्रार्थना में हमेशा शब्दों की ज़रूरत नहीं होती है, जैसा आपको दुख और बीमारी की गहराई में पता चलता है।

मनुष्य सफल होने के लिए देवताओं की पूजा करते हैं

मूल विचार : भगवान श्रीकृष्ण अर्जुन से कहते हैं, इस संसार में जो मनुष्य अपने कामों में सफल होना चाहते हैं, वे देवताओं की पूजा करते हैं, क्योंकि इससे सफलता जल्दी मिलती है।

बिंदु : यहाँ भगवान श्रीकृष्ण यह महत्त्वपूर्ण संदेश देते हैं कि अगर जल्दी सफलता चाहिए, तो देवताओं की पूजा करें। याद रखें, यह आध्यात्मिक नहीं, बल्कि सांसारिक सुख प्राप्त करने का उपाय है। अगर हम सफलता चाहते हैं, तो पूरे हृदय से ईश्वर की पूजा करने से हमारी सफलता की संभावना बढ़ जाती है। लोग अपने लक्ष्य को देखते हुए किसी ख़ास देवी या देवता की पूजा करते हैं, जैसे धन-संपत्ति के लिए लक्ष्मीजी या कुबेर की पूजा! मुश्किल काम में सफलता के लिए हनुमानजी की पूजा! स्वास्थ्य के लिए शंकरजी या शनिदेव की पूजा! विवाह के लिए शिवजी या बृहस्पति की पूजा!

युवाओं के लिए संदेश : यह ख़ास विचार आपके भौतिक जगत से संबंधित है और सफलता का उपाय बताता है। जिस भी क्षेत्र में सफलता चाहते हों, उससे संबंधित देवी-देवता की पूजा शुरू कर दें। ज़्यादातर युवा नास्तिक होते हैं, लेकिन ज़रा सोचें, अगर पूजा या प्रार्थना करने से आपकी सफलता की संभावना बढ़ जाती है, तो इसे करने में हर्ज ही क्या है?

हर मनुष्य को अपने प्रधान गुण को पहचानना चाहिए

मूल विचार : भगवान श्रीकृष्ण कहते हैं कि समाज के चार वर्ण (ब्राह्मण, क्षत्रिय, वैश्य और शूद्र) मेरे द्वारा उनके प्रधान गुणों के आधार पर बनाए गए हैं और उन्हीं के आधार पर उनके कर्तव्य निर्धारित किए गए हैं।

बिंदु : अर्जुन योद्धा है, इसलिए सत्य की रक्षा की ख़ातिर युद्ध करना उसका कर्तव्य है और यदि वह ऐसा नहीं करता है, तो वह अपने कर्तव्य से विमुख होता है। हिंदू वर्ण व्यवस्था मूलत: जन्म पर नहीं, कर्म पर आधारित है। प्राचीन काल में ग्रामीण परिवेश में लुहार का बेटा लुहार और सैनिक का बेटा सैनिक बनता था, इसलिए जन्म पर आधारित वर्ण व्यवस्था लोकप्रिय हो गई। लेकिन अब समय बदल गया है। आधुनिक युग में जो शिक्षक है, उसे ब्राह्मण मानना चाहिए, चाहे उसकी जाति कोई भी हो। जो सैनिक या पुलिसकर्मी है, उसे क्षत्रिय मानना चाहिए। जो व्यापारी या स्व-रोज़गार में है, उसे वैश्य मानना चाहिए। और जो भी सर्विस सेक्टर में काम करता है या कर्मचारी है, उसे शूद्र मानना चाहिए। आपका कर्तव्य जाति नहीं, बल्कि पेशे, नौकरी या व्यवसाय के हिसाब से तय होता है।

युवाओं के लिए संदेश : अपने प्रधान गुण और योग्यता को पहचानें, क्योंकि इससे आपको अपनी संभावित सफलता का क्षेत्र पता चलेगा। अगर आपमें अच्छी संवाद योग्यता नहीं है, तो वक्ता बनने की कोशिश नहीं करें। अपनी योग्यताओं का आकलन करने के बाद ही अपना पेशा चुनें। यह ना केवल सफलता का, बल्कि संतुष्टि का मार्ग भी है।

कर्मयोगी अपने कर्म से नहीं बँधता है

मूल विचार : भगवान श्रीकृष्ण कहते हैं कि जो मनुष्य कर्म और कर्मफल की आसक्ति छोड़ देता है, वह हमेशा संतुष्ट रहता है। कर्मयोगी अपने कर्म से नहीं बँधता है और आसक्ति से रहित होने के कारण उसके सभी कर्म पूरी तरह घुल जाते हैं।

बिंदु : तीन तरह के कर्म हैं : कर्म (निर्धारित कर्तव्य), विकर्म (निषिद्ध कर्म यानी बुरे काम) और अकर्म (जो हमें जन्म-मृत्यु के चक्र से मुक्त करते हैं)। अकर्म आसक्तिरहित कर्म है, इसलिए यह सर्वश्रेष्ठ प्रकार है। अकर्म मस्तिष्क पर राग-द्वेष, अहं या कुंठा आदि किसी भाव का कोई चिह्न नहीं छोड़ता, क्योंकि मनुष्य इसे कर्ता नहीं, बल्कि निमित्त की तरह करता है। अकर्म का अर्थ है परिणाम या फल के प्रति आसक्ति के बिना अपना कर्तव्य करना।

युवाओं के लिए संदेश : यहाँ भगवान श्रीकृष्ण संतुष्टि का मार्ग बता रहे हैं। अगर संतुष्टि चाहिए, तो अपनी इच्छाओं को न्यूनतम रखें। जितनी ज़्यादा इच्छा या अपेक्षा होगी, उतनी ही ज़्यादा असंतुष्टि और दुख होगा। ज़्यादातर युवा इसलिए दुखी रहते हैं, क्योंकि वे बहुत सारी चीज़ें चाहते हैं, लेकिन बहुत कम हासिल कर पाते हैं। ब्रेकअप का मूल कारण यही होता है कि सामने वाले से हम बहुत ज़्यादा अपेक्षाएँ करने लगते हैं और उनके पूरी नहीं होने पर दुखी हो जाते हैं।

अज्ञान से शंका उत्पन्न होती है

मूल विचार : भगवान श्रीकृष्ण अर्जुन से कहते हैं, जब तुम ज्ञान प्राप्त कर लोगे, तो अज्ञान तुम्हें मूढ़ नहीं बनाएगा। ज्ञान की अग्नि सारे कर्म को राख़ में बदल देती है। ज्ञान से ज़्यादा शुद्ध करने वाला कोई नहीं है। जिसने अपनी इंद्रियों पर विजय पा ली है, उसे ही ज्ञान प्राप्त होता है। कर्म उस मनुष्य को नहीं बाँधते हैं, जो अपने सारे कार्य कर्मयोग के भाव से ईश्वर को अर्पित कर देता है। शंका करने वाली आत्मा के लिए कोई प्रसन्नता नहीं है, इसलिए हे अर्जुन! अपने हृदय में मौजूद अज्ञान से उत्पन्न इस शंका को मार और कर्मयोग में बताए गए समभाव से युद्ध कर।

बिंदु : यहाँ ज्ञान का अर्थ 'सांसारिक चीज़ों के ज्ञान' से नहीं है। यहाँ ज्ञान का अर्थ आत्मा या स्व संबंधी ज्ञान से है। जिसने आत्म–साक्षात्कार कर लिया है, वह ज्ञानी बन जाता है और इसका संबंध सांख्य योग या ज्ञानयोग से है।

अज्ञान से शंका उत्पन्न होती है : इसका अर्थ यह है कि जब हमें पता नहीं होता कि किसी चीज़ का क्या परिणाम होगा, तो हमारे मन में शंका आ जाती है। अर्जुन के मन में शंका थी कि युद्ध में पांडव जीतेंगे या हारेंगे, वे युद्ध में जीवित बचेंगे या नहीं आदि। भविष्य के बारे में इस अनिश्चितता से अर्जुन के मन में संदेह आता है और इसी से अर्जुन व्यथित हो जाता है।

युवाओं के लिए संदेश : जब आप कोई बड़ी चीज़ करने की सोचते हैं, तो शंकाएँ ज़्यादा होंगी। अगर आपका लक्ष्य उचित है, सही है, और जो आपको करना है, वह आपका कर्तव्य भी है, तो अपनी शंकाओं को छोड़कर अपने कर्तव्य का पालन करें।

5

कर्म संन्यास योग

सारांश

अर्जुन पूछता है कि हे कृष्ण, आपने कर्मसंन्यास और कर्मयोग दोनों के बारे में बताया है। इनमें से मेरे लिए कौन सा कल्याणकारी है? भगवान श्रीकृष्ण जवाब देते हैं कि दोनों ही परम कल्याणकारी हैं, लेकिन कर्मयोग साधन में सुगम होने के कारण कर्मसंन्यास से श्रेष्ठ है। जो मनुष्य ना किसी से द्वेष करता है, ना ही किसी व्यक्ति या वस्तु की आकांक्षा करता है, उस कर्मयोगी को सदा संन्यासी ही समझना चाहिए। जो मनुष्य अपने सभी कर्म परमात्मा को अर्पित करता है और आसक्ति को त्यागकर कर्म करता है, वह जल में रहने वाले कमल के पत्ते की भाँति पाप से लिप्त नहीं होता। बुद्धिमान विवेकी पुरुष इंद्रियों तथा विषयों के संयोग से उत्पन्न भोग-विलास से दूर रहता है, क्योंकि यह लगता तो सुख जैसा है, लेकिन अंततः दुख का कारण बन जाता है।

कर्मयोग सांख्य योग से श्रेष्ठ है

मूल विचार : भगवान श्रीकृष्ण अर्जुन से कहते हैं, कर्मसंन्यास योग (सांख्य योग) और कर्मयोग दोनों ही परम आनंद यानी मोक्ष की ओर ले जाते हैं। कर्मयोग का पालन ज़्यादा आसान है, इसलिए यह कर्मसंन्यास योग से श्रेष्ठ है। कर्मयोग के बिना कर्मसंन्यास योग (मन, इंद्रिय और देह की सारी गतिविधियों के संबंध में कर्ताभाव का त्याग) हासिल करना मुश्किल होता है। दूसरी ओर, जिस कर्मयोगी का मन ईश्वर पर अटल रहता है, वह शीघ्र ही ब्रह्म तक पहुँच जाता है।

बिंदु : कर्मयोग सांख्य योग से श्रेष्ठ इसलिए है, क्योंकि यह ज़्यादा आसान है और सभी लोग इसका पालन कर सकते हैं।

युवाओं के लिए संदेश : ज्ञान और कर्म दो अलग-अलग चीज़ें हैं। सिगरेट पीने वाला बहुत अच्छी तरह जानता है कि यह स्वास्थ्य के लिए हानिकारक है, लेकिन फिर भी वह सिगरेट पीता है। मुख्य चीज़ कर्म है और हमें किसी व्यक्ति के ज्ञान के बजाय उसके कार्यों को ज़्यादा महत्त्व देना चाहिए। यदि कोई अज्ञानी व्यक्ति अच्छे काम कर रहा है, तो वह उस ज्ञानी व्यक्ति से श्रेष्ठ है, जो बुरे काम कर रहा है।

त्यागी मनुष्य कौन है?

मूल विचार : भगवान श्रीकृष्ण कहते हैं, जो कर्मयोगी ना तो घृणा करता है, ना ही किसी चीज़ की इच्छा रखता है, वह त्यागी है। जिस कर्मयोगी ने अपने मन और इंद्रियों को पूरी तरह जीत लिया है और जिसने ख़ुद को सभी जीवों के साथ एकरूप मान लिया है, वह कर्म करते समय भी अकलंकित रहता है।

बिंदु : भगवद्‌गीता घृणा या इच्छा के बिना अपना कर्तव्य करने का उपदेश देती है। हमें सही कर्म करने पर ध्यान केंद्रित करना चाहिए; इस तथ्य पर नहीं कि हमें मनचाहा फल मिलेगा या नहीं।

युवाओं के लिए संदेश : आज के संसार में ज़्यादातर युवा लक्ष्य केंद्रित होते हैं, जो ज़्यादा पैसे और भौतिक संपत्ति चाहते हैं। लेकिन ग़लत रास्ते पर चलने से एनरॉन की तरह वे भी आगे चलकर असफल हो सकते हैं। यदि आपके काम सही हैं, यदि आपका लक्ष्य सही है, तो हर चीज़ सही होगी। कर्मयोगी वह है, जो अपना कर्तव्य करता है और राग-द्वेष से प्रेरित नहीं होता। यदि कोई विद्यार्थी केवल अध्ययन पर ध्यान केंद्रित करता है, तो वह ख़ुद को कर्मयोगी मान सकता है। आप अपने ईश्वर प्रदत्त गुणों और योग्यताओं के उपयोग पर ध्यान केंद्रित करके किसी भी क्षेत्र में सफल हो सकते हैं; बस आपको यह काम फल की इच्छा से नहीं, बल्कि कर्तव्य भाव से करना चाहिए।

कर्मयोगी मार्ग

मूल विचार : भगवान श्रीकृष्ण कहते हैं, कर्मयोगी अपनी इंद्रियों, मन, बुद्धि और शरीर से ही काम करते हैं और आत्म–शुद्धि के लिए आसक्ति को परे हटा देते हैं।

बिंदु : कर्मयोगी सफल परिणाम पाने की इच्छा या आसक्ति की वजह से काम नहीं करते। वे तो इसलिए काम करते हैं, क्योंकि वह काम करना उनका कर्तव्य है।

युवाओं के लिए संदेश : अपनी आसक्तियों का विश्लेषण करें, ख़ास तौर पर सुखद गतिविधियों का। कर्मयोगी अपने कर्तव्य पर ध्यान केंद्रित करते हैं। अगर आपका कर्तव्य अध्ययन करना है, तो मोबाइल या टीवी के प्रति आसक्ति का त्याग करना चाहिए। आसक्ति का त्याग करें और अपने कर्तव्य को करने में ज़्यादा से ज़्यादा समय लगाएँ।

आत्म–नियंत्रण ही कुंजी है

मूल विचार : आत्मनियंत्रित सांख्ययोगी सभी कर्मों को नौ द्वार वाले महल (शरीर) द्वारा किए मानता है।

बिंदु : सचमुच ज्ञानी व्यक्ति जानता है कि यह उसका शरीर है, जो कार्य कर रहा है। यह ज्ञान आत्म–साक्षात्कार के बाद आता है, जब व्यक्ति को यह ज्ञान हो जाता है कि शरीर नहीं, बल्कि आत्मा ही उसका सच्चा स्वरूप है।

युवाओं के लिए संदेश : शरीर और आत्मा के बीच का भेद समझना आपके लिए थोड़ा मुश्किल हो सकता है। इंद्रियाँ शरीर में होती हैं, इसलिए वे शरीर को सुख पहुँचाती हैं, जबकि आध्यात्मिक आनंद आत्मा को मिलता है। युवाओं को इस बारे में जागरूक होना चाहिए कि वे जो ज़्यादातर सुख चाहते हैं, वह माया के भौतिक धरातल पर मिलता है, इसलिए यह उन्हें स्थायी आनंद या संतुष्टि प्रदान नहीं कर सकता।

इंद्रियसुख कष्ट का कारण है

मूल विचार : भगवान श्रीकृष्ण कहते हैं, इंद्रियों से उत्पन्न ख़ुशियाँ कष्ट का कारण है, क्योंकि उनका प्रारंभ और अंत होता है। इसलिए बुद्धिमान मनुष्य उनसे दूर रहता है। जो मनुष्य सभी जीवों के कल्याण के प्रति समर्पित होते हैं, वे ब्रह्म को प्राप्त करते हैं, जो पूर्ण शांति है।

बिंदु : इंद्रियगत सुख क्षणिक संतुष्टि देते हैं, लेकिन लंबे समय में दुख का कारण बनते हैं। उदाहरण के लिए, तला-भुना और मसालेदार भोजन जीभ को खाते समय तो अच्छा लगता है, लेकिन बाद में स्वास्थ्य को नुक़सान पहुँचाता है। अगर कोई नई कार ख़रीदने पर ख़ुश होता है, तो उसकी ख़ुशी केवल कुछ दिनों तक ही रहेगी, जब तक कि उसका पड़ोसी ज़्यादा महँगी कार नहीं ख़रीद लेगा या उसकी कार में खरोंच नहीं आ जाएगी। सभी इंद्रियगत सुख अल्पकालीन होते हैं, क्योंकि सभी भौतिक चीज़ें नश्वर होती हैं।

युवाओं के लिए संदेश : दीर्घकालीन सोच रखें। मनुष्य ज़्यादातर समय अल्पकालीन सफलता या ख़ुशी पाना चाहता है, इसलिए शॉर्टकट का सहारा लेता है। सचमुच सफल होने के लिए दीर्घकालीन सोच रखें।

6

आत्म संन्यास योग/ ध्यान योग

सारांश

भगवान श्रीकृष्ण कहते हैं कि जो मनुष्य कर्मफल पर ध्यान नहीं देकर उचित कर्म करता है अर्थात् अपना कर्तव्य करता है, वह संन्यासी तथा योगी है। संकल्पों का त्याग करने वाला मनुष्य ही योगी है। जिस काल में मनुष्य इंद्रियों के भोगों तथा कर्मों में आसक्ति छोड़ देता है, उस काल में सर्वसंकल्पों का त्यागी मनुष्य योगारूढ़ कहलाता है। जो मनुष्य मन और इंद्रियों सहित शरीर को जीत लेता है, वह स्वयं का सच्चा मित्र है और जो मनुष्य इन्हें नहीं जीत पाता, वह अपना सबसे बड़ा शत्रु है। जो मिट्टी-पत्थर और सुवर्ण को समान समझता है, जो धर्मात्मा व पापी को भी समान भाव से देखता है, वह आशारहित और संग्रहरहित योगी श्रेष्ठ होता है। जिस प्रकार वायुरहित स्थान में दीपक स्थिर होता है, वैसे ही परमात्मा के ध्यान में लगे हुए योगी का

इंद्रियजित चित्त होता है। जिसका रजोगुण शांत हो गया है और जो आत्मा को निरंतर परमात्मा में लगाता है, उसे अनंत आनंद प्राप्त होता है। जो संपूर्ण जीवों में मुझे देखता है और संपूर्ण जीवों को मुझमें देखता है, उसके लिए मैं अदृश्य नहीं होता और वह मेरे लिए अदृश्य नहीं होता।

अर्जुन कहता है कि हे श्रीकृष्ण, यह मन बड़ा चंचल और बलवान है, जिसे वश में करना मुझे वायु को रोकने जितना मुश्किल लगता है। भगवान श्रीकृष्ण कहते हैं, निस्संदेह मन चंचल है और इसे वश में करना कठिन है, किंतु यह अभ्यास और वैराग्य से वश में आ जाता है। जो श्रद्धावान योगी मुझे निरंतर भजता है, वही परम श्रेष्ठ है।

आसक्ति और इच्छा छोड़ दें

मूल विचार : भगवान श्रीकृष्ण कहते हैं, नि:स्वार्थ कर्म ही कर्मयोग प्राप्त करने का साधन है। जब इंद्रियविषयों और कार्यों के प्रति आसक्ति छूट जाती है और जब मनुष्य संसार के सारे 'संकल्पों' या विचारों का त्याग कर देता है, तो वह योग को प्राप्त कर लेता है।

बिंदु : नि:स्वार्थ कर्म का अर्थ है स्वार्थ का त्याग। नि:स्वार्थ कर्म का अर्थ है फल की इच्छा के बिना अपना कर्तव्य करना। जब मनुष्य आसक्तियों और ख़ुशी या स्वार्थ के विचारों को छोड़ देता है, तो वह ईश्वर का निमित्त बन जाता है और योग या ईश्वर के साथ संयोग प्राप्त कर लेता है।

युवाओं के लिए संदेश : स्वार्थ को भूल जाएँ, कर्तव्य को हमेशा याद रखें। यह जीवन में हमारा सूत्रवाक्य होना चाहिए। जब मनुष्य को किसी चीज़ की इच्छा नहीं होती, तो वह आदर्श संतुष्टि की अवस्था में पहुँच जाता है और ईश्वर के साथ आदर्श साहचर्य का आनंद प्राप्त करता है। आसक्ति या मोह या फल की इच्छा को छोड़कर यथोचित कर्म करेंगे, तो सफलता भी मिलेगी और संतुष्टि भी।

हमेशा ख़ुद को बेहतर बनाने की कोशिश करें

मूल विचार : भगवान श्रीकृष्ण कहते हैं कि मनुष्य को प्रयास करके ख़ुद को ऊपर उठाना चाहिए, नीचे नहीं गिराना चाहिए, क्योंकि मनुष्य स्वयं ही अपना मित्र है और स्वयं ही अपना शत्रु है। यदि निम्नतर स्व (जिसमें मन, इंद्रियाँ और शरीर शामिल हैं) को जीत लिया जाता है, तो मनुष्य का स्व उसकी आत्मा का मित्र बन जाता है। यदि निम्नतर स्व को नहीं जीता जाता है, तो यह शत्रु के समान व्यवहार करता है।

बिंदु : यहाँ भगवान श्रीकृष्ण निम्नतर और उच्चतर स्व के बीच फ़र्क़ बताते हैं। निम्नतर स्व में मन, इंद्रियाँ और शरीर शामिल हैं, जिन्हें नियंत्रित करना चाहिए। उच्चतर स्व हमारे भीतर रहने वाली आत्मा है।

युवाओं के लिए संदेश : हर दिन बेहतर बनने की कोशिश करें। अपने विचारों और कार्यों का अवलोकन करके देखें कि वे आपकी दीर्घकालीन सफलता के लिए सहायक हैं या हानिकारक हैं। मनुष्य अपना ख़ुद का शत्रु तब बनता है, जब वह अल्पकालीन ख़ुशी की ख़ातिर दीर्घकालीन सफलता के प्रयासों को छोड़ देता है। ज़्यादातर लोग अल्पकालीन लोभ में आकर अपने पैरों पर कुल्हाड़ी मार लेते हैं, जैसे विद्यार्थी मोबाइल फ़ोन या सोशल मीडिया में उलझे रहते हैं।

आत्म-नियंत्रण आत्म-शुद्धि की ओर ले जाता है

मूल विचार : भगवान श्रीकृष्ण कहते हैं, योगी को आत्म-शुद्धि के लिए मनन करना चाहिए। यह योग उसके लिए नहीं है, जो अधिक खाता है, ना ही उसके लिए है, जो पूरी तरह उपवास रखता है। यह उसके लिए नहीं है, जो अधिक सोता है, ना ही उसके लिए है जो हमेशा जागता है। दुख से मुक्ति दिलाने वाला योग केवल उसी से सधता है, जिसका आहार और मनोरंजन नियमित है, जो कर्म करने में नियमित है और निद्रा व जागृति में नियमित रहता है। निरंतरता से नियंत्रित विवेक के ज़रिये ईश्वर पर मन को अटल करके उसे किसी भी चीज़ के बारे में नहीं सोचना चाहिए। जिन विषयों के पीछे अशांत और बेचैन मन भागता है, उनसे ख़ुद को हटाकर उसे हमेशा ईश्वर पर मन को केंद्रित करना चाहिए।

बिंदु : मध्यम मार्ग मानव जाति के लिए सर्वश्रेष्ठ है। हर चीज़ की अति बुरी होती है। मनुष्य को आहार-विहार, निद्रा और कर्म में नियमित और संयत होना चाहिए। लेकिन मन ईश्वर पर केंद्रित होना चाहिए।

युवाओं के लिए संदेश : अपने लक्ष्य की दिशा में लगातार प्रयास करें। अपना मन अपने लक्ष्य पर निरंतर केंद्रित रखें और किसी दूसरी चीज़ के बारे में नहीं सोचें। अपना लक्ष्य हासिल करने के लिए सारे अवरोधों, व्यवधानों और इंद्रियसुखों से अपने मन को दूर हटा लें। एकाग्रता ही सफलता की कुंजी है।

बेचैन मन को मनन द्वारा नियंत्रित किया जा सकता है

मूल विचार : अर्जुन कहता है कि उसका मन बहुत अस्थिर, अशांत, बलवान और बेचैन है। हवा की तरह मन को नियंत्रित करना भी मुश्किल है। भगवान श्रीकृष्ण जवाब देते हैं कि मन अस्थिर, बेचैन और अशांत होता है, जिसे नियंत्रित करना मुश्किल है, लेकिन इसे बार-बार के अभ्यास (चिंतन-मनन) और अनासक्ति से नियंत्रित किया जा सकता है।

बिंदु : मन को नियंत्रित करना मुश्किल है, लेकिन हम मनन और अनासक्ति के अभ्यास से इसे नियंत्रित कर सकते हैं।

युवाओं के लिए संदेश : आपका मन या मस्तिष्क आपका सबसे शक्तिशाली अस्त्र है, लेकिन अगर आप इसे अपने ख़िलाफ़ काम करने देते हैं, तो यह आपको तबाह भी कर सकता है। यदि आप अपने मन को अपने लक्ष्य पर केंद्रित रखते हैं, तो यह आपकी मदद करेगा। लेकिन अगर आप इसे ख़ुद को भटकाने की अनुमति देते हैं, तो यह आपको असफल करा देगा। लक्ष्य को हमेशा मन में रखकर अपने मन को नियंत्रित करने की कोशिश करें।

ईश्वर प्राप्ति के सभी प्रयत्नों से लाभ होता है

मूल विचार : अर्जुन पूछता है कि जो योग में श्रद्धा रखता है, लेकिन संयमी नहीं होने के कारण भगवत्प्राप्ति के मार्ग में मोहित हो जाता है, क्या योग से विचलित वह साधक अंतकाल में नष्ट हो जाता है। भगवान श्रीकृष्ण कहते हैं, ऐसे पुरुष का ना तो इस लोक में नाश होता है, ना ही परलोक में होता है। आत्मोद्धार यानी भगवत्प्राप्ति के लिए कर्म करने वाला कोई भी मनुष्य दुर्गति को प्राप्त नहीं होता, बल्कि स्वर्गादि उत्तम लोकों को प्राप्त करता है।

बिंदु : यदि लक्ष्य अच्छा है, लेकिन बीच में मन भटक जाता है, तब भी प्रयास लाभकारी ही होता है, क्योंकि प्रयास सही दिशा में किया गया है।

युवाओं के लिए संदेश : सही लक्ष्य की दिशा में कर्म करें। यदि रास्ते में भटक जाएँ, तो विचलित नहीं हों, बल्कि दोबारा सही दिशा में कर्म शुरू कर दें। और लक्ष्य प्राप्ति तब ज़्यादा आसान होती है, जब मनुष्य में संयम और अनुशासन होता है, इसलिए अनुशासित और संयमित होकर कर्म करें।

7

ज्ञान विज्ञान योग

सारांश

भगवान श्रीकृष्ण कहते हैं कि मैं ही संपूर्ण जगत का प्रभव तथा प्रलय हूँ अर्थात् मैं ही संपूर्ण जगत का मूल कारण हूँ। सात्विक, राजस और तामसिक इन तीनों प्रकार के भावों से यह सारा संसार मोहित हो रहा है, इसलिए इन तीनों गुणों से परे मुझ अविनाशी को कोई नहीं जानता। मेरी त्रिगुणमयी माया से पार पाना बहुत कठिन है, लेकिन जो मनुष्य केवल मुझे निरंतर भजते हैं, वे इस माया को पार कर लेते हैं, अर्थात् संसार से तर जाते हैं। केवल नीच, बुरे कर्म करने वाले मूढ़ लोग मुझे नहीं भजते हैं।

ईश्वर हर चीज़ का स्रोत है

मूल विचार : पृथ्वी, जल, अग्नि, वायु, आकाश, मन, बुद्धि और अहंकार; ये मेरी प्रकृति के आठ हिस्से हैं, जो मेरी निम्नतर (भौतिक) जड़ यानी अपरा प्रकृति है। जिस दूसरी प्रकृति से पूरी सृष्टि चलती है, वह जीव के रूप में मेरा उच्चतर (आध्यात्मिक) अर्थात् चेतन या परा प्रकृति है। सभी जीव इन दोनों प्रकृतियों से उत्पन्न हुए हैं और मैं ही पूरी सृष्टि का स्रोत हूँ और मुझमें यह दोबारा घुल जाती है।

बिंदु : यहाँ प्रकृति और पुरुष (आत्मा/परमात्मा) के द्वैत को बताया गया है।

युवाओं के लिए संदेश : मनुष्य के अंदर भी नकारात्मक और सकारात्मक पहलू रहते हैं। आपका ध्यान किस पर केंद्रित है, उसी से यह तय होता है कि आप ज़्यादा नकारात्मक बनते हैं या ज़्यादा सकारात्मक बनते हैं। अगर आप बेहतर बनने, प्रगति करने और सकारात्मक बनने पर ध्यान केंद्रित करते हैं, तो निश्चित रूप से आप अपने लक्ष्य को प्राप्त करने में सफल होंगे। नियम यह है कि आप जिन लोगों के साथ ज़्यादातर समय रहते हैं, आप भी उन्हीं जैसे बन जाएँगे, इसलिए सकारात्मक लोगों के साथ रहें।

तीन गुण सृष्टि में प्रधान हैं

मूल विचार : यह पूरी सृष्टि इन विषयों की माया में उलझी हुई है, जो प्रकृति के तीन गुणों से उत्पन्न हुए हैं – सत्वगुण, रजोगुण और तमोगुण, इसीलिए संसार मुझे नहीं पहचान पाता।

बिंदु : माया में उलझे रहने के कारण सांसारिक मनुष्य परमात्मा को नहीं पहचान पाता। उसी तरह रोज़मर्रा के व्यवधानों में उलझे रहने के कारण हम लक्ष्य की दिशा में काम नहीं कर पाते।

युवाओं के लिए संदेश : असली चीज़ को पहचानें। अपने लक्ष्य को हमेशा ध्यान में रखें। माया आपकी राह में व्यवधान, भटकाव और मनोरंजन के अवसर पेश करेगी, लेकिन आपको अपने वास्तविक लक्ष्य को हमेशा ध्यान में रखना चाहिए।

माया के बंधन तोड़ना मुश्किल है

मूल विचार : मेरी यह बहुत अद्भुत माया, जो त्रिगुणमयी है, उसे तोड़ना मुश्किल है। जो केवल मुझे लगातार पूजता है, वही इससे पार पाता है। माया के द्वारा जो विवेकशून्य हैं, ऐसे असुर स्वभाव वाले और नीच, दूषित कर्म करने वाले मूढ़ लोग मेरा पूजन नहीं करते हैं।

बिंदु : सदैव हरि स्मरण करने से ही माया के बंधन टूट सकते हैं।

युवाओं के लिए संदेश : जीवन में माया आपको लक्ष्य से भटकाने की कोशिश करती है, इसीलिए लक्ष्य तक पहुँचना बहुत मुश्किल होता है। लेकिन अगर आप लगातार लक्ष्य को याद रखते हैं, तो आप माया को पार करके लक्ष्य तक पहुँच सकते हैं। हर सुबह और रात को अपने लक्ष्य से संबंधित सकारात्मक दृढ़ कथन कहने की आदत डालें, क्योंकि इससे आपको अपना लक्ष्य हमेशा याद रहता है।

पूजा से सफलता मिलती है

मूल विचार : उत्तम कर्म करने वाले मेरे चार प्रकार के भक्त हैं : सांसारिक संपत्तियों के इच्छुक, पीड़ा से मुक्ति चाहने वाले, ज्ञान की चाह रखने वाले और बुद्धिमान मनुष्य। भक्त (किसी सांसारिक वस्तु की चाह में) जिस भी देवता के रूप का आदर के साथ पूजन करता है, मैं उस रूप में उस ख़ास भक्त की श्रद्धा को स्थिर कर देता हूँ। ऐसी श्रद्धा होने पर वह उस ख़ास देवी-देवता की पूजा करता है और उसके माध्यम से अपने मनचाहे आनंद को प्राप्त कर लेता है, जैसा मेरे द्वारा नियत होता है। मेरे भक्त चाहे जैसे मुझे भजें, अंत में वे मुझको ही प्राप्त होते हैं।

बिंदु : श्रीकृष्ण यहाँ मुख्य बात यह कहते हैं कि किसी भी देवी-देवता की पूजा कर लें, फल अवश्य और शीघ्र मिलता है।

युवाओं के लिए संदेश : मनुष्य का लक्ष्य या तो सुख की चाह या फिर दुख से मुक्ति होती है। दोनों ही स्थिति में उसे देवी-देवता की पूजा करने से लाभ होता है। अतः युवाओं को भजन-पूजन में रुचि लेना चाहिए।

लोग मूढ़ता के कारण मोह में रहते हैं

मूल विचार : द्वैत (सुख–दुख आदि) राग–द्वेष से उत्पन्न हुए हैं और मूढ़ता के कारण संसार के सभी जीवित प्राणी मोह के शिकार हो जाते हैं।

बिंदु : राग–द्वेष के कारण समभाव रखना मुश्किल होता है, इसलिए परमात्मा को प्राप्त करना या इंद्रियों को नियंत्रित करना मुश्किल होता है।

युवाओं के लिए संदेश : राग–द्वेष के कारण ही हम अपने लक्ष्य तक नहीं पहुँच पाते। सुख हमें अच्छा लगता है, इसलिए हम व्यर्थ के मनोरंजन में उलझ जाते हैं, जिससे हम अपने मनचाहे लक्ष्य तक पहुँचने की दिशा में मेहनत या कोशिश नहीं कर पाते हैं। दूसरी ओर, दुख हमें अच्छा नहीं लगता, इसलिए हम अपने मनचाहे लक्ष्य की दिशा में मेहनत करने और कष्ट उठाने से बचते हैं। यानी राग–द्वेष को छोड़कर हमें निष्काम भाव से वह सारा श्रम करना चाहिए, जो हमारे लक्ष्य तक पहुँचने के लिए आवश्यक है।

8

अक्षर ब्रह्म योग

सारांश

भगवान श्रीकृष्ण कहते हैं कि जो मनुष्य अंतकाल में भी मेरा ही स्मरण करता हुआ शरीर त्यागता है, वह मेरे साक्षात् स्वरूप को प्राप्त होता है। इसलिए तू सब समय निरंतर मेरा स्मरण कर और युद्ध भी कर।

आत्मा ही कुंजी है

मूल विचार : भगवान श्रीकृष्ण कहते हैं, जीवात्मा को अध्यात्म कहा गया है। सभी नश्वर चीज़ें अधिभूत हैं।

बिंदु : जैसा भगवद्गीता के अध्याय 2 में बताया गया है, आत्मा अजर-अमर है और शरीर नश्वर है, इसलिए मनुष्य को नश्वर या भौतिक चीज़ों का मोह छोड़ देना चाहिए और उसके बारे में विचार करना चाहिए, जो अजर-अमर है।

युवाओं के लिए संदेश : भौतिक चीज़ों व नश्वर चीज़ों से बनी इस माया के कारण हम मूलभूत चीज़ को खो देते हैं। इसी तरह हमें अपने जीवन के संदर्भ में विचार करना चाहिए कि हमारे लिए क्या महत्त्वपूर्ण है और क्या नहीं है। फिर हमें यह विश्लेषण करना चाहिए कि हम जो पैसा और समय ख़र्च कर रहे हैं, उसमें से कितना महत्त्वपूर्ण चीज़ों पर कर रहे हैं और कितना महत्त्वहीन चीज़ों पर कर रहे हैं। इस विश्लेषण के बाद अपनी प्राथमिकताओं के आधार पर आवश्यक परिवर्तन करें।

सतत मनन से प्राप्ति होती है

मूल विचार : भगवान श्रीकृष्ण कहते हैं, जिसका मन ध्यान और चिंतन-मनन के अभ्यास के रूप में योग द्वारा अनुशासित होता है और दूसरी किसी चीज़ के बारे में नहीं सोचता है, बल्कि निरंतर ईश्वर का ध्यान करता रहता है, वह अति प्रकाशमान ईश्वर को प्राप्त कर लेता है।

बिंदु : अनुशासन निरंतर अपने लक्ष्य पर केंद्रित रहना और बाक़ी हर चीज़ को भूलना है।

युवाओं के लिए संदेश : यदि आप अपने लक्ष्य को प्राप्त करना चाहते हैं, तो आपको अनुशासित होना होगा और अनुशासन का अर्थ है अपने मन को नियंत्रित करना। इसके लिए आपको अपने लक्ष्य के बारे में लगातार सोचना होगा और बाक़ी हर चीज़ से अपना ध्यान हटाना होगा।

केवल अविभाजित मन से ईश्वर हासिल होता है

मूल विचार : भगवान श्रीकृष्ण कहते हैं, जो हमेशा और लगातार अविभाजित मन से मेरे ही बारे में सोचता है, हमेशा मुझमें तल्लीन होता है, उसके लिए मैं आसानी से प्राप्य हूँ।

बिंदु : यह विचार पिछले विचार का ही विस्तार है।

युवाओं के लिए संदेश : आपको अपने लक्ष्य के प्रति तल्लीन हो जाना चाहिए, तब यह आसानी से प्राप्त हो जाएगा। मन अविभाजित होना चाहिए, अर्थात् यह ढुलमुल नहीं होना चाहिए कि ज़रा सा व्यवधान आने पर विचलित हो जाए। पूरे मन से लक्ष्य की दिशा में प्रयास करने पर सफलता जल्दी मिलती है।

मोक्ष कैसे प्राप्त करें?

मूल विचार : भगवान श्रीकृष्ण कहते हैं, परम सिद्धि को प्राप्त महात्माजन मेरे पास आते हैं और फिर वे संसार में पुनर्जन्म से मुक्ति पा जाते हैं, जो दुखों का घर है और जिसकी प्रकृति ही क्षणभंगुर है। हे अर्जुन! ब्रह्मलोकपर्यंत सब लोक पुनरावर्ती हैं, लेकिन मुझको प्राप्त करने के बाद पुनर्जन्म नहीं होता, क्योंकि मैं कालातीत हूँ, जबकि अन्य सब लोक काल के द्वारा सीमित होने से अनित्य हैं।

बिंदु : पूर्णता प्राप्त करने पर ही ईश्वर प्राप्त होता है।

युवाओं के लिए संदेश : आप जिस भी क्षेत्र में काम कर रहे हों, उसमें पूर्णता या परम सिद्धि प्राप्त करें, तभी आपको सर्वोच्च सफलता प्राप्त हो सकती है और आप सारे दुखों से मुक्ति पा सकते हैं। यही दीर्घकालीन सफलता प्राप्त करने का रहस्य है।

पूर्ण निष्ठा ही कुंजी है

मूल विचार : भगवान श्रीकृष्ण कहते हैं, मैं केवल पूर्ण निष्ठा द्वारा ही प्राप्त किया जा सकता हूँ।

बिंदु : पूर्ण निष्ठा ही किसी प्रयत्न की सफलता की कुंजी है।

युवाओं के लिए संदेश : यह सूत्र आध्यात्मिक जगत में ही नहीं, सांसारिक सफलता के क्षेत्र में भी लागू होता है। जब तक पूर्ण निष्ठा नहीं होगी, तब तक मन डावाँडोल रहेगा, अनिश्चय और संदेह रहेगा, इसीलिए पूर्ण निष्ठा लक्ष्य की सफलता के लिए आवश्यक है। अपने लक्ष्य की दिशा में पूरी निष्ठा और समर्पण भाव से काम करें। इससे आपको सफलता जल्दी मिलेगी।

9

राजविद्याराजगुह्य योग

सारांश

भगवान श्रीकृष्ण कहते हैं कि जो तीनों वेदों में बताए सकाम कर्म करते हैं, वे यज्ञों द्वारा मेरा पूजन करके स्वर्ग की प्राप्ति चाहते हैं और वे स्वर्ग का भोग करते हैं, लेकिन पुण्य क्षीण होने पर पुनः मृत्युलोक में जन्म लेते हैं। किंतु जो अनन्यप्रेमी भक्तजन मुझ परमेश्वर का निरंतर चिंतन करते हुए मुझे निष्काम भाव से भजते हैं, उन्हें मोक्ष प्राप्त होता है। भगवान श्रीकृष्ण कहते हैं कि हे अर्जुन! तू अपने हर कर्म और हर चेष्टा को मेरे प्रति अर्पित कर दे, क्योंकि इससे तू कर्मबंधन से मुक्त हो जाएगा और मोक्ष प्राप्त करेगा।

आप कई रूपों में ईश्वर की पूजा कर सकते हैं

मूल विचार : भगवान श्रीकृष्ण कहते हैं, जो लोग ज्ञान के मार्ग पर चलते हैं, वे मेरे निराकार स्वरूप की पूजा करते हैं। बाक़ी लोग बहुत से रूपों में मेरे सर्वव्यापी रूप की पूजा करते हैं।

बिंदु : आप किसी भी देवता की पूजा करें, अंततः आप परमेश्वर की ही पूजा करते हैं।

युवाओं के लिए संदेश : आप लक्ष्य तक पहुँचने के लिए कई मार्गों में से किसी पर भी चल सकते हैं। इसलिए तय करें कि आपकी लक्ष्य प्राप्ति के लिए सर्वश्रेष्ठ मार्ग कौन सा है और फिर पूरी निष्ठा से अपनी योजना पर अमल करें।

अच्छे कर्म अच्छे परिणाम देते हैं

मूल विचार : भगवान श्रीकृष्ण कहते हैं, जो लोग किसी स्वार्थपूर्ण उद्देश्य से काम करते हैं (तीन वेदों में बताए गए कर्मकांड आदि, जिसके माध्यम से वे स्वर्ग का आनंद और सांसारिक आनंद प्राप्त करना चाहते हैं), वे त्याग या बलिदान द्वारा मेरी पूजा करते हैं, स्वर्ग जाना चाहते हैं, स्वर्ग जाते हैं और फिर अपने कर्मों का फल भोगने के बाद दोबारा इस नश्वर संसार में लौटते हैं।

बिंदु : स्वार्थ से किए गए कर्म का फल अल्पकालीन रहता है, जबकि नि:स्वार्थ कर्म का फल दीर्घकालीन होता है।

युवाओं के लिए संदेश : पूजा करने से आपको फल मिलता है, लेकिन उसके दूरगामी परिणाम पर भी विचार कर लें, ताकि आपको बाद में नहीं पछताना पड़े। लक्ष्य की भली–भाँति जाँच कर लें, तभी उसे प्राप्त करने की मेहनत करें। यदि लक्ष्य अच्छा है और योजना अच्छी है, तो परिणाम भी अच्छा ही मिलेगा।

हर चीज़ ईश्वर को समर्पित करें

मूल विचार : भगवान श्रीकृष्ण कहते हैं, जो भक्त किसी दूसरे से प्रेम नहीं करते, बल्कि लगातार मेरे बारे में सोचते हैं और निःस्वार्थ भाव से मेरा पूजन करते हैं, मैं उन्हें पूरी सुरक्षा देता हूँ और उनकी आवश्यकताओं को स्वयं पूरा करता हूँ। जो मुझे प्रेम के साथ पत्ती, फूल, फल या जल भी चढ़ाता है, मैं निष्पाप मन वाले उस निःस्वार्थ भक्त के सामने व्यक्तिगत रूप से प्रकट होता हूँ और आनंदपूर्वक प्रेम के साथ समर्पित उस चीज़ को ग्रहण करता हूँ। इसलिए तुम जो भी करो, जो भी खाओ, मेरे प्रति समर्पित करके करो या खाओ।

बिंदु : स्वयं को ईश्वर के प्रति समर्पित कर दें, क्योंकि यही मुक्ति का मार्ग है।

युवाओं के लिए संदेश : प्रेम ही कुंजी है। जहाँ प्रेम है, वहाँ निःस्वार्थ भाव है और समर्पण है। और प्रेम के साथ जो भी समर्पित किया जाता है, वही ईश्वर को प्रिय होता है। इसलिए अपना हर काम निःस्वार्थ भाव और प्रेम से करें।

संन्यास का अर्थ ईश्वर को सारे कार्य अर्पित करना है

मूल विचार : भगवान श्रीकृष्ण कहते हैं, इस तरह संन्यास (सारे कार्य मुझे अर्पित करने) के योग में अपने मन को स्थापित करने से तुम अच्छे और बुरे परिणामों वाले कर्मबंधन से मुक्त हो जाओगे और इससे मुक्त होकर तुम मुझे प्राप्त कर लोगे।

बिंदु : यहाँ कर्मबंधन से छुटकारा पाने का उपाय बताया गया है कि हमें अपने सारे कर्म ईश्वर को अर्पित करना चाहिए।

युवाओं के लिए संदेश : जब आप अपने सारे कर्म ईश्वर को अर्पित करते हैं, तो इसका मतलब यह है कि आप कर्ता भाव से मुक्त हो जाते हैं। और हाँ, जब आप ख़ुद को निमित्त समझकर काम करेंगे, तो आप केवल अच्छे कर्म करेंगे और बुरे कर्मों से दूर रहेंगे। और जैसा पहले बताया जा चुका है, अच्छे कर्म करने से आपको अच्छे परिणाम मिलेंगे, क्योंकि जैसा बीज होगा, वैसा ही फल मिलेगा।

सबसे बुरा पापी भी भक्ति के माध्यम से संत बन सकता है

मूल विचार : भगवान श्रीकृष्ण कहते हैं, सबसे बुरा पापी भी पूर्ण निष्ठा से अगर मेरा पूजन करता है, तो उसे साधु ही मानना चाहिए। शीघ्र ही वह सद्गुणी बन जाता है और स्थायी शांति प्राप्त करता है। हे अर्जुन! तू निश्चयपूर्वक सत्य जान कि मेरा भक्त नष्ट नहीं होता।

बिंदु : जीवन बदलने के लिए कभी देर नहीं होती। आप किसी भी समय बदल सकते हैं।

युवाओं के लिए संदेश : आपको हर दिन बेहतर बनना चाहिए और ध्यान रहे, इसका तरीक़ा बुरी आदतों को छोड़ना और अच्छी आदतें डालना है। आप यह काम किसी भी समय कर सकते हैं। भगवद्गीता कहती है कि बुरे से बुरा व्यक्ति भी ईश्वर की कृपा से सुधर सकता है, बशर्ते वह सही मार्ग पर पूरी निष्ठा से चले।

10

विभूति योग

सारांश

इस अध्याय में भगवान श्रीकृष्ण कहते हैं कि मेरी दिव्य विभूतियों का अंत नहीं है। जो-जो भी विभूतियुक्त अर्थात् ऐश्वर्ययुक्त, कांतियुक्त और शक्तियुक्त वस्तु है, उस-उसको तू मेरे तेज के अंश की अभिव्यक्ति जान। मैं इस संपूर्ण जगत को अपनी योगशक्ति के एक अंशमात्र से धारण करता हूँ।

ईश्वर मनन से प्रसन्न होते हैं

मूल विचार : भगवान श्रीकृष्ण कहते हैं, जो मेरा ध्यान करते हैं, उन पर मैं कृपा करता हूँ। उनके हृदय में वास करने वाला मैं ज्ञान का दीपक जलाकर अज्ञान से उत्पन्न उनके अंधकार को हटा देता हूँ।

बिंदु : यदि हम ईश्वर का ही ध्यान करते रहें, तो ईश्वर हम पर कृपा करके हमारे अज्ञान को दूर करता है।

युवाओं के लिए संदेश : जो हर समय अपने लक्ष्य के बारे में सोचता है, उसे सफलता मिलती है। तब उसके अंदर ऐसी दैवी प्रेरणा जाग्रत होती है, जिससे वह ग़लत रास्ते को छोड़कर सही रास्ते पर चलने लगता है। ईश्वर के बारे में सोचते रहें, तभी वह कृपा करेगा।

मन परम इंद्रिय है; इसका सही इस्तेमाल करें

मूल विचार : भगवान श्रीकृष्ण कहते हैं, वेदों में मैं सामवेद हूँ। अनुभूति की इंद्रियों में मैं मन हूँ और मैं जीवित प्राणियों की चेतना (जीवन शक्ति) हूँ।

बिंदु : जो भी श्रेष्ठ है, वह ईश्वर स्वरूप है।

युवाओं के लिए संदेश : हमेशा श्रेष्ठ बनने का प्रयास करें। याद रखें, अकुशल काम में भी उतना ही समय लगता है, जितना कि कुशलता से काम करने में। इसलिए क्यों ना श्रेष्ठ काम करके सर्वश्रेष्ठ बनने का प्रयास किया जाए और अपने मन को अनुशासित रखा जाए? हमेशा चेतन होकर काम करें, क्योंकि चेतना यानी जीवन ऊर्जा ईश्वर की दी हुई है। मन परम इंद्रिय है, इसलिए उसका सही इस्तेमाल आवश्यक है। उसका ग़लत इस्तेमाल करने पर ग़लत परिणाम मिलेंगे।

जो भी सर्वश्रेष्ठ है
वह ईश्वर तुल्य

मूल विचार : भगवान श्रीकृष्ण कहते हैं, मैं शस्त्रधारियों में श्रीराम हूँ। मैं शब्दों में एक अक्षर अर्थात् ओंकार हूँ। मैं सब प्रकार के यज्ञों में जपयज्ञ हूँ। मैं सब वृक्षों में पीपल का वृक्ष हूँ।

बिंदु : यहाँ भगवान श्रीकृष्ण बता रहे हैं कि वही श्रीराम भी हैं।

युवाओं के लिए संदेश : जो भी सर्वश्रेष्ठ है, वह ईश्वर तुल्य है। अतः सर्वश्रेष्ठ बनने का प्रयास करें, चाहे क्षेत्र जो भी हो।

ईश्वर ही सर्वेसर्वा है

मूल विचार : मैं ही सारे सृजन का प्रारंभ, मध्य और अंत हूँ। जो-जो भी विभूतियुक्त अर्थात् ऐश्वर्ययुक्त, कांतियुक्त और शक्तियुक्त वस्तु है, उसे तू मेरे तेज के अंश की ही अभिव्यक्ति जान।

बिंदु : ईश्वर को सर्वोपरि और सर्वेसर्वा मानकर कार्य करें।

युवाओं के लिए संदेश : अपने काम के प्रारंभ, मध्य और अंत पर विचार करके कार्य करें, अगर असफलता मिले, तो यह मान लें कि यह आपके भाग्य में नहीं था। यह भाग्यवादी बनना नहीं है, बल्कि अपनी मनोवैज्ञानिक पीड़ा को कम करने का कारगर उपाय है। अगर मनचाही चीज़ मिल जाए, तो हरिकृपा और अगर नहीं मिला तो हरिइच्छा समझें।

गायत्री मंत्र सर्वश्रेष्ठ मंत्र है

मूल विचार : भगवान श्रीकृष्ण कहते हैं, मैं ही गायत्री मंत्र हूँ। बारह महीनों में मैं मार्गशीर्ष हूँ। ऋतुओं में मैं वसंत ऋतु हूँ।

बिंदु : वैसे तो सब कुछ ईश्वर का ही है, सब कुछ ईश्वर ने ही बनाया है, लेकिन ये सर्वश्रेष्ठ हैं।

युवाओं के लिए संदेश : आप जो करते हैं, क्या आप उसमें सर्वश्रेष्ठ हैं? देखिए, भगवद्गीता के अनुसार फल या परिणाम आपके हाथ में नहीं है, इसलिए आपको फल की चिंता नहीं करना है। लेकिन साधन तो आपके हाथ में है, मेहनत करना तो आपके हाथ में है। क्या आप पूरे समय अपने लक्ष्य की दिशा में अनुशासित और एकाग्र होकर मेहनत करते हैं? अगर नहीं, तो क्यों नहीं?

11

विश्वरूप दर्शन योग

सारांश

अर्जुन कहता है, मैं आपका विराट रूप देखना चाहता हूँ। भगवान श्रीकृष्ण कहते हैं, तुम अपने प्राकृतिक नेत्रों से मेरा विराट रूप नहीं देख सकते, इसलिए मैं तुम्हें दिव्य चक्षु देता हूँ। फिर उन्होंने अर्जुन को अपना परम ऐश्वर्ययुक्त दिव्य स्वरूप दिखलाया। अर्जुन उस दिव्य स्वरूप को देखकर व्याकुल हो गए और अर्जुन को शांत करने के लिए भगवान ने उसे अपना सौम्य चतुर्भुज रूप दिखाया, जिससे अर्जुन पुनः स्थिरचित्त हो गया।

मोह से विनाश होता है

मूल विचार : अर्जुन कहता है, जिस तरह पतंगे मोह के कारण तेज़ गति से दौड़ते हुए जलती आग में प्रवेश करते हैं, वैसे ही ये सभी लोग अपने नाश के लिए आपके मुँह में तेज़ गति से प्रवेश कर रहे हैं।

बिंदु : यहाँ अर्जुन शत्रु सेना के योद्धाओं को श्रीकृष्ण के मुख में काल के गाल में समाते हुए देखता है।

युवाओं के लिए संदेश : युवाओं को मोह से दूर रहना चाहिए, ख़ास तौर पर प्रेम के मोह से। यह विद्या प्राप्त करने की उम्र है, मन लगाकर पढ़ाई करने की उम्र है, यह ब्रह्मचर्य आश्रम है, इसलिए मोह के वशीभूत होने से विपरीत परिणाम मिलेंगे। मोह की वजह से आप पूरे समय उस चीज़ के बारे में सोचते रहेंगे, जिससे आपको मोह है और पढ़ाई पर ध्यान नहीं दे पाएँगे, जिससे आपका विनाश होगा। यानी आपको ख़राब परिणाम मिलेंगे।

मनुष्य केवल निमित्त मात्र है

मूल विचार : भगवान श्रीकृष्ण अर्जुन से कहते हैं, तुम उठो और यश जीतो; शत्रुओं पर विजय पाओ और समृद्ध साम्राज्य का आनंद लो। ये सारे योद्धा तो मेरे द्वारा पहले ही मार दिए गए हैं, तुम तो केवल निमित्त मात्र बनो, अर्जुन।

बिंदु : गीता में कर्ता भाव छोड़ने और ख़ुद को निमित्त समझने का उपदेश दिया गया है।

युवाओं के लिए संदेश : युवावस्था में कर्ता भाव प्रबल होता है, मैंने यह कर दिया, मैंने वह कर दिया। रोचक बात यह है कि हम अच्छी चीज़ों के बारे में तो कर्ता भाव रखते हैं, लेकिन बुरी चीज़ों का दोष दूसरे पर मढ़ देते हैं, यह ग़लत काम उसने किया था, ग़लती उसकी है। यह सहज मानव स्वभाव है। लेकिन गीता पढ़ने के बाद आपको इससे ऊपर उठना चाहिए और इसका विपरीत करना चाहिए। यदि दोष या ग़लती आपकी है, तो उसे स्वीकार करें और अच्छी चीज़ों का श्रेय ईश्वर को दें। ख़ुद को निमित्त मानें।

हम ईश्वर की कृपा से ही ईश्वर को देख सकते हैं

मूल विचार : भगवान श्रीकृष्ण कहते हैं, मैं ना तो वेदों के अध्ययन से, ना ही प्रायश्चित से, ना ही परोपकार द्वारा, ना ही कर्मकांड से चार भुजाओं वाले इस रूप में देखा जा सकता हूँ, जैसा तुमने मुझे देखा है।

बिंदु : ईश्वर की कृपा सर्वोपरि है, इसीलिए भक्ति से हाथ की लकीरें या विधि का लेख भी बदल सकता है।

युवाओं के लिए संदेश : आपको इस उम्र में जो ऊर्जा मिली है, शक्ति मिली है, सौंदर्य मिला है, उसमें आपकी कोई उपलब्धि नहीं है, क्योंकि यह सब ईश्वर का दिया है, उसकी कृपा से आपको प्राप्त हुआ है। यहाँ तक कि आपको अपनी उपलब्धियों पर भी विनम्रता रखना चाहिए, क्योंकि अच्छा काम करने की प्रेरणा और शक्ति आपको ईश्वर की कृपा से प्राप्त हुई है। जब हम विनम्रता और कृतज्ञता का भाव रखते हैं, तभी हम सन्मार्ग पर चल सकते हैं। अहंकार को त्यागकर ही आप सच्ची और स्थायी प्रगति कर सकते हैं।

एकाग्र निष्ठा अनिवार्य है

मूल विचार : भगवान श्रीकृष्ण कहते हैं, लेकिन एकाग्र मानसिकता वाली निष्ठा से ही मैं इस रूप में देखा जा सकता हूँ।

बिंदु : एकाग्र निष्ठा वाली भक्ति ही सार्थक होती है।

युवाओं के लिए संदेश : श्रीकृष्ण का चतुर्भुज रूप या तो उनकी कृपा से दिख सकता है या फिर एकाग्र मानसिकता वाली निष्ठा से। कहने का आशय यह है कि जो चीज़ें असंभव हैं, वे भी एकाग्र मानसिकता वाली निष्ठा से प्राप्त हो सकती हैं। इसलिए अगर आप अपने लक्ष्य के प्रति एकाग्र मानसिकता वाली निष्ठा रखेंगे, तो आपको मुश्किल से मुश्किल काम में भी सफलता मिलेगी। हनुमानजी की तरह बनें, जिन्होंने निःस्वार्थ भाव से, कर्ता का श्रेय लिए बिना श्रीरामचंद्रजी के प्रति एकाग्र मानसिकता वाली निष्ठा रखी थी।

ऐसा भक्त ईश्वर को प्राप्त करता है

मूल विचार : भगवान श्रीकृष्ण कहते हैं, जो अपने सारे कर्तव्य मेरी ख़ातिर करता है, मुझ पर निर्भर रहता है, मेरे प्रति समर्पित रहता है, जिसकी कोई आसक्ति नहीं होती और जो सारे जीवों के प्रति द्वेष से रहित होता है, वही मुझ तक पहुँचता है।

बिंदु : यहाँ कर्मफल की आसक्ति छोड़ने, ईश्वर में पूर्ण निष्ठा रखने, समर्पित होने और हर प्राणी में ईश्वर को देखने के सिद्धांत बताए गए हैं।

युवाओं के लिए संदेश : आप यह सूत्र लक्ष्य-प्राप्ति के लिए भी लागू कर सकते हैं। राग-द्वेष से रहित होकर आप केवल लक्ष्य तक पहुँचने के लिए कर्तव्य या प्रयास करें। आप लक्ष्य के प्रति समर्पित हो जाएँ और ईश्वर से शक्ति व सफलता का आशीर्वाद माँगें। इस सूत्र से आपको सफलता आसानी से प्राप्त होगी।

12

भक्ति योग

सारांश

अर्जुन पूछता है कि जो अनन्य भक्त निरंतर आपके सगुण रूप के भजन-ध्यान में लगे रहते हैं और दूसरे, जो केवल निराकार ब्रह्म को ही भजते हैं - उन दोनों प्रकार के उपासकों में श्रेष्ठ कौन है? भगवान श्रीकृष्ण कहते हैं कि जो अनन्य भाव से मेरे सगुण रूप का भजन-ध्यान करते हैं, वे मुझे अति उत्तम योगी मान्य हैं। निराकार ब्रह्म में आसक्त मनुष्यों के साधन में विशेष परिश्रम की आवश्यकता होती है, क्योंकि यह जीवधारियों के लिए आसान नहीं होता। कर्मों के फल का त्याग ही सर्वश्रेष्ठ त्याग है, क्योंकि इससे तुरंत परम शांति मिलती है।

निर्गुण भक्ति मुश्किल होती है

मूल विचार : भगवान श्रीकृष्ण कहते हैं, देह-चेतन लोगों द्वारा निराकार या निर्गुण भक्ति मुश्किल होती है।

बिंदु : निराकार ब्रह्म की उपासना मुश्किल है, क्योंकि निराकार या निर्गुण (जिसे देखा नहीं जा सकता) का ध्यान करना आसान नहीं होता। साकार या सगुण भक्ति आसान होती है, इसीलिए मूर्तिपूजा का प्रचलन है।

युवाओं के लिए संदेश : सामान्यजन को निराकार या निर्गुण की भक्ति में मुश्किल आती है। उन्हें भक्ति के लिए अपने देवता के स्पष्ट स्वरूप या आकार की आवश्यकता पड़ती है। इसी तरह युवाओं को भी अस्पष्ट लक्ष्य प्राप्त करने में मुश्किल होती है। आप उस लक्ष्य को नहीं बेध सकते, जिसे आप स्पष्टता से देख नहीं सकते हों। इसलिए हमेशा अपने लक्ष्य को स्पष्ट बनाएँ, ताकि आपकी सफलता की संभावना बढ़ जाए और आप आसानी से सफल हों।

सभी कर्मों के फल त्याग दें

मूल विचार : भगवान श्रीकृष्ण कहते हैं, यदि तुम मेरे लिए काम करते हो, तो इसका अर्थ है कि तुम मेरी ख़ातिर काम कर रहे हो। अगर तुम इतना भी नहीं कर सकते, तो सभी कर्मों के फल का त्याग कर दो।

बिंदु : यहाँ भगवान श्रीकृष्ण कहते हैं कि श्रेष्ठ यह है कि मनुष्य कर्ता भाव छोड़कर ख़ुद को निमित्त मान ले। लेकिन यदि यह संभव नहीं हो, तो कर्म करते समय फल की इच्छा छोड़ना श्रेष्ठ है।

युवाओं के लिए संदेश : कर्तव्य का अर्थ है कि आप अपनी परिस्थिति में सर्वश्रेष्ठ संभव काम करें, फल की चिंता नहीं करें, अपनी सफलता का श्रेय नहीं लें, क्योंकि कर्म करना आपके हाथ में है, फल देना या नहीं देना ईश्वर के हाथ में है। जो व्यक्ति कर्मों के फल का त्याग कर देता है, वह असफलता के बावजूद संतुष्ट रहता है, क्योंकि उसे फल की चिंता ही नहीं रहती।

ईश्वर पर मनन करें और कर्मों के फल को त्याग दें

मूल विचार : भगवान श्रीकृष्ण कहते हैं, ज्ञान विवेकहीन अभ्यास से श्रेष्ठ है, ईश्वर के स्वरूप का ध्यान तो ज्ञान से भी श्रेष्ठ है और कर्मफल का त्याग तो ध्यान से भी श्रेष्ठ है, क्योंकि इस त्याग के बाद तुरंत शांति प्राप्त होती है।

बिंदु : यहाँ भगवान श्रीकृष्ण कहते हैं कि कर्म करते समय फल की इच्छा नहीं होना वह सर्वश्रेष्ठ चीज़ है, जो मनुष्य कर सकता है, क्योंकि इससे तुरंत शांति मिलती है और मन में उद्वेग नहीं रहता।

युवाओं के लिए संदेश : विवेकहीन काम नहीं करें। अपनी बुद्धि व विवेक का इस्तेमाल करके काम करें। ज़्यादातर युवा किसी काम को करने से पहले ज़्यादा सोच-विचार नहीं करते हैं और भावावेग में ऐसे क़दम उठा लेते हैं, जिससे उन्हें बाद में पछताना पड़ता है। यदि पहले से ही विवेक और बुद्धि का इस्तेमाल करके अच्छी तरह सोच-विचारकर निर्णय लिया जाए, तो ऐसी नौबत ही नहीं आए।

मैं और मेरा के भाव छोड़ दें

मूल विचार : भगवान श्रीकृष्ण कहते हैं, जो सभी जीवों के प्रति द्वेष से रहित है, दोस्ताना और करुणामय है और मैं व मेरा के भावों से मुक्त है, जो सुख–दुख में संतुलित रहता है, जो क्षमाशील स्वभाव का है, हमेशा संतुष्ट रहता है और मानसिक रूप से मेरे साथ एकाकार है, जिसने अपने मन, इंद्रियों और शरीर पर विजय प्राप्त कर ली है, जिसका संकल्प दृढ़ है और जिसने अपना मन और विवेक मेरे प्रति समर्पित कर दिए हैं –ऐसा भक्त मुझे विशेष प्रिय है।

बिंदु : इस भौतिक जगत में मनुष्य 'वह वस्तु मेरी है,' या 'वह मेरी प्रेमिका या प्रेमी है या पत्नी या पुत्र है' आदि के बंधन बाँध लेता है, जिससे मोह उत्पन्न होता है।

युवाओं के लिए संदेश : ऊपर बताई बातों पर अमल करना बहुत मुश्किल है, लेकिन इनमें दोस्ताना और करुणामय बनने की जो बात बताई गई है, वह सबसे आसान लगता है। आप जितने ज़्यादा दोस्ताना बनेंगे, उतने ही ज़्यादा सफल होंगे, क्योंकि जीवन में केवल 15 प्रतिशत सफलता योग्यता के कारण मिलती है, जबकि 85 प्रतिशत सफलता लोक व्यवहार के कारण मिलती है।

कर्ताभाव छोड़ दें

मूल विचार : भगवान श्रीकृष्ण कहते हैं, जो सभी कामों में कर्ता भाव को छोड़ देता है – मेरा ऐसा भक्त मुझे विशेष प्रिय है। जो आसक्ति से रहित है, जो प्रशंसा और अपमान को समभाव से लेता है, जो उपलब्ध आहार से ही संतुष्ट हो जाता है, जिसमें स्वामित्व का कोई भाव नहीं है और रहने की जगह के संदर्भ में उसकी कोई आसक्ति नहीं है, वह व्यक्ति मुझे विशेष प्रिय है।

बिंदु : मनुष्य को स्थितप्रज्ञ और अनासक्त बनने का यथासंभव प्रयास करना चाहिए। उसे आहार, निवास आदि के संबंध में शिकायतें नहीं करना चाहिए।

युवाओं के लिए संदेश : ऊपर जो बातें बताई गई हैं, उन पर अमल करना बहुत मुश्किल है। आसक्ति या कर्ता भाव छोड़ना आसान नहीं होता। लेकिन हम उपलब्ध आहार से संतुष्ट होने की आदत तो डाल ही सकते हैं। यदि घर में ऐसी सब्ज़ी बनती है, जो आपको पसंद नहीं है, तो इस बात पर तूफ़ान नहीं मचाएँ। हो सकता है कि परिवार के किसी दूसरे सदस्य को वह सब्ज़ी पसंद हो या फिर हो सकता है कि वह सब्ज़ी इस समय सस्ती मिल रही हो। आहार के मामले में बस इतना ध्यान रखें कि वह स्वास्थ्यवर्धक हो और समय पर मिल जाए, यदि आप इसमें पसंद–नापसंद का आग्रह छोड़ देते हैं, तो आप गीता के उपदेश का पालन कर रहे हैं।

13

क्षेत्र-क्षेत्रज्ञ विभाग योग

सारांश

भगवान श्रीकृष्ण इस अध्याय में शरीर (क्षेत्र) और जीवात्मा (क्षेत्रज्ञ) का भेद बताते हैं। वे कहते हैं कि अध्यात्म ज्ञान में नित्यस्थिति और तत्वज्ञान के अर्थरूप परमात्मा को देखना ही ज्ञान है और जो इससे विपरीत है, वह अज्ञान है। भगवान कहते हैं कि प्रकृति और पुरुष दोनों ही अनादि हैं। सभी राग-द्वेषादि विकार तथा त्रिगुणात्मक संपूर्ण पदार्थ प्रकृति से उत्पन्न हुए हैं। इस देह में स्थित आत्मा वास्तव में परमात्मा का ही अंश है।

अपने शरीर को आत्मा नहीं मानें

मूल विचार : भगवान श्रीकृष्ण कहते हैं, शरीर क्षेत्र है और क्षेत्र को जानने वाला क्षेत्रज्ञ कहलाता है। जान लो कि मैं ही सारे क्षेत्रों का क्षेत्रज्ञ हूँ। क्षेत्र और क्षेत्रज्ञ दोनों का ज्ञान ही सच्चा ज्ञान है।

बिंदु : यहाँ भगवान श्रीकृष्ण ने शरीर को क्षेत्र और परमात्मा को क्षेत्रज्ञ कहा है। मनुष्य को इन दोनों का ही ज्ञान होना चाहिए।

युवाओं के लिए संदेश : क्षेत्रज्ञ यानी आत्मा-परमात्मा के गूढ़ रहस्य को जानना मुश्किल हो सकता है, लेकिन हम क्षेत्र यानी अपने शरीर के बारे में आसानी से जागरूक रह सकते हैं। अपने स्वास्थ्य का विशेष ध्यान रखें। हानिकारक आदतों और चीज़ों से बचें। यथासंभव आहार की अति से बचें। सिगरेट-शराब से दूर रहें। अपने शरीर की कार्यविधि को समझें और उसी अनुरूप कार्य करें।

शरीर क्या है?

मूल विचार : भगवान श्रीकृष्ण कहते हैं, पाँच तत्वों (आकाश, वायु, अग्नि, जल और पृथ्वी), अहंकार, बुद्धि और अनुभूति व कर्म की दस इंद्रियाँ, मन और पाँच इंद्रियों के विषय (ध्वनि, स्पर्श, रंग, स्वाद और गंध), इच्छा, द्वेष, सुख, दुख, भौतिक देह, चेतना, दृढ़ता - इसे क्षेत्र कहा जाता है।

बिंदु : यहाँ भगवान श्रीकृष्ण क्षेत्र की व्याख्या करके बताते हैं कि शरीर के अंतर्गत क्या-क्या आता है।

युवाओं के लिए संदेश : महत्त्वपूर्ण तथ्य यह है कि आत्मा के अतिरिक्त जो कुछ है, वह सब क्षेत्र यानी शरीर की श्रेणी में आता है। भगवद्गीता की सलाह पर चलकर अहंकार छोड़ने के बारे में जागरूक बनें, हालाँकि इसे छोड़ना आसान नहीं होता। जब अहंकार छूटेगा, तो कर्ताभाव अपने आप ख़त्म हो जाएगा। आपको अपनी चेतना और बुद्धि को बढ़ाने के प्रयास करने चाहिए। सुख-दुख को समान भाव से लेना मुश्किल हो सकता है, लेकिन दुख हो या सुख, यह याद रखना चाहिए कि 'यह भी चला जाएगा।'

ज्ञान क्या है?

मूल विचार : भगवान श्रीकृष्ण कहते हैं, घमंड ना होना, देह, मन और इंद्रियों पर नियंत्रण, भोगों में आसक्ति का अभाव, पुत्र, पत्नी, घर आदि को स्वयं का नहीं समझने का भाव और अप्रिय व प्रिय दोनों परिस्थितियों में मन का निरंतर समभाव, अव्यभिचारिणी अर्थात् अनन्य भक्ति द्वारा मेरे प्रति अटल निष्ठा, आत्मज्ञान में स्थित और ईश्वर को सच्चे ज्ञान के विषय के रूप में देखना – यह सब ज्ञान है और जो इसके विपरीत है, वह सब अज्ञान है।

बिंदु : यहाँ भगवान श्रीकृष्ण बताते हैं कि सच्चा ज्ञान सांसारिक नहीं, बल्कि आत्मिक ज्ञान है। यानी ज्ञानी वही है, जिसे घमंड नहीं है, जिसका इंद्रियों और मन पर पूर्ण नियंत्रण है, जो अनासक्त और स्थितप्रज्ञ है, जो यह मेरा है जैसी स्वामित्व की अवधारणा से ऊपर उठ चुका है और जो ईश्वर का सच्चा भक्त है।

युवाओं के लिए संदेश : निश्चित रूप से ये सारी चीज़ें वर्तमान संसार में और आपकी अवस्था में मुश्किल हैं। लेकिन आप इनमें से कोई एक विचार चुन सकते हैं, जैसे घमंड नहीं करने का विचार। यदि आपको कोई उपलब्धि मिले, तो मानें कि यह ईश्वर की कृपा से मिली है। यदि आप असफल होते हैं, तो सोचें कि यह ईश्वर की इच्छा नहीं है। यानी मिले तो हरि कृपा और नहीं मिले, तो हरि इच्छा। यदि आप इतना ही कर लेते हैं, तो कर्ता भाव अपने आप कम हो जाएगा।

प्रकृति और पुरुष दोनों ही अनादि हैं

मूल विचार : भगवान श्रीकृष्ण कहते हैं, प्रकृति राग-द्वेष आदि विकारों को उत्पन्न करती है, यह कार्य और करण को उत्पन्न करती है, जबकि जीवात्मा सुख-दुख के अनुभव के लिए उत्तरदायी है। प्रकृति के संसर्ग में ही पुरुष प्रकृति से उत्पन्न त्रिगुणात्मक पदार्थों को भोगता है और इन गुणों के संग के कारण ही जीवात्मा अच्छी-बुरी योनियों में जन्म लेती है। जितने भी प्राणी उत्पन्न होते हैं, वे क्षेत्र और क्षेत्रज्ञ के संयोग से ही उत्पन्न होते हैं।

बिंदु : आकाश, वायु, अग्नि, जल और पृथ्वी तथा शब्द, स्पर्श, रूप, रस, गंध - इनका नाम कार्य है। बुद्धि, अहंकार और मन तथा श्रोत्र, त्वचा, रसना, नेत्र और घ्राण एवं वाक्, हस्त, पाद, उपस्थ और गुदा - इन 13 का नाम 'करण' है।

युवाओं के लिए संदेश : तीन गुण हैं तमोगुण, रजोगुण और सत्वगुण। मनुष्य को चाहिए कि वह पहले तमोगुण से रजोगुण तक पहुँचने की कोशिश करे और फिर सत्वगुण तक पहुँचने का प्रयास करे। आपको अपनी उम्र के अनुसार गुण का चुनाव करना चाहिए। अगर आप युवा हैं, तो आपका प्रयास यह होना चाहिए कि तमोगुण छोड़कर रजोगुण पर पहुँचें, क्योंकि गृहस्थ आश्रम में यह रजोगुण ही आपको भोग-विलास करने में समर्थ बनाएगा। एक बार गृहस्थ आश्रम में भोग करने के बाद आप वानप्रस्थ आश्रम में पहुँचने पर रजोगुण को छोड़ने की अवस्था में पहुँच जाते हैं।

आत्मा देह को प्रकाशित करती है

मूल विचार : भगवान श्रीकृष्ण कहते हैं, जिस प्रकार एक सूर्य इस पूरी सृष्टि को प्रकाशित करता है, उसी प्रकार एक आत्मा पूरे क्षेत्र को प्रकाशित करती है।

बिंदु : आत्मा ही मूल तत्व है, क्योंकि यही शरीर को प्रकाशित करती है, अर्थात् चलाती है।

युवाओं के लिए संदेश : यदि आप एक क्षेत्र में श्रेष्ठ बन जाते हैं, तो आप पूरे कुल का नाम रोशन कर देते हैं और कई बार तो पूरे विश्व के लिए तारणहार बन जाते हैं। महान लेखक, आविष्कारक, वैज्ञानिक ऐसे सूर्य हैं, जो अपने प्रकाश द्वारा पूरे संसार को लाभ पहुँचाते हैं। सूर्य बनने की कोशिश करें।

14

गुणत्रयविभाग योग

सारांश

भगवान श्रीकृष्ण कहते हैं कि सत्वगुण, रजोगुण और तमोगुण - प्रकृति से उत्पन्न ये तीनों गुण अविनाशी जीवात्मा को शरीर में बाँधते हैं। सत्वगुण विकाररहित है, रजोगुण कामना और आसक्ति से उत्पन्न होता है तथा तमोगुण अज्ञान से उत्पन्न होता है। सत्वगुण से ज्ञान उत्पन्न होता है, रजोगुण से लोभ उत्पन्न होता है और तमोगुण से प्रमाद, मोह व अज्ञान उत्पन्न होता है। जो मनुष्य समभाव में रहकर अव्यभिचारी भक्तियोग से मुझे निरंतर भजता है, वह इन गुणों के पार निकल जाता है और ब्रह्म को प्राप्त करने का अधिकारी बन जाता है।

तीन गुण प्रकृति से उत्पन्न हुए हैं

मूल विचार : भगवान श्रीकृष्ण कहते हैं, सत्वगुण, रजोगुण और तमोगुण – ये तीनों गुण प्रकृति से उत्पन्न हुए हैं और अविनाशी आत्मा को शरीर से बाँधते हैं। सत्वगुण विकाररहित है और सुख व ज्ञान के संबंध से अर्थात् उसके अभिमान से बाँधता है। रजोगुण कामना व आसक्ति से उत्पन्न है। यह कार्यों और उनके फल के प्रति आसक्ति से आत्मा को बाँधता है। हे अर्जुन! देहाभिमानियों को मोहित करने वाले तमोगुण को तो अज्ञान से उत्पन्न जान। वह जीवात्मा को प्रमाद (व्यर्थ चेष्टा), आलस और निद्रा द्वारा आत्मा को बाँधता है।

बिंदु : यहाँ भगवान श्रीकृष्ण प्रकृति में व्याप्त तीनों गुणों की प्रकृति और उत्पत्ति बताते हैं।

युवाओं के लिए संदेश : यह माया का सार है। आसक्तिरहित होना बहुत मुश्किल है, लेकिन महत्त्वपूर्ण यह है कि आपकी आसक्ति किसके प्रति है। आपको तमोगुण से ऊपर उठकर कम से कम रजोगुण तक पहुँचना चाहिए और फिर उम्र बढ़ने पर सत्वगुण तक ऊपर उठने का प्रयास करना चाहिए। व्यर्थ चेष्टा और आलस को छोड़ दें, क्योंकि ये तमोगुण से उत्पन्न हुए हैं। जोश, श्रम और लक्ष्यप्राप्ति के प्रयास रजोगुण से उत्पन्न होते हैं, जबकि ज्ञान और सुख की इच्छा सत्वगुण से उत्पन्न होते हैं। यानी अगर आप लक्ष्य बनाते हैं, मेहनत और जोश से उन्हें प्राप्त करने का प्रयास करते हैं, जो आप राजसी यानी राजा की तरह जीवन जिएँगे।

तीन प्रकार के कर्म

मूल विचार : भगवान श्रीकृष्ण कहते हैं, सत्वगुण मनुष्य को सुख की ओर खींचता है और राजसी कर्म की ओर, जबकि तमोगुण बुद्धि को ढँककर मनुष्य को प्रमाद, निद्रा और आलस की ओर खींचता है। जब इस शरीर, मन और इंद्रियों में प्रकाश और विवेक का उदय हो, तो मनुष्य को समझ जाना चाहिए कि सत्वगुण की प्रधानता है। रजोगुण की प्रधानता में लोभ, सक्रियता, स्वार्थपूर्ण उद्देश्य से कार्य करना, व्यग्रता और विषयभोग की लालसा दिखाई देते हैं। तमोगुण के बढ़ने पर मन और इंद्रियों की जड़ता, अपने कर्तव्यों को करने की अनिच्छा, प्रमाद अर्थात् व्यर्थ चेष्टा और निद्रादि अंत:करण की मोहिनी प्रवृत्तियाँ - ये सभी प्रकट होते हैं।

बिंदु : यहाँ भगवान श्रीकृष्ण बताते हैं कि इन तीनों गुणों के आधार पर मनुष्य में कौन सी प्रवृत्तियाँ होती हैं।

युवाओं के लिए संदेश : अपना विश्लेषण करके देखें कि आपमें कौन से गुण की प्रधानता है। अगर आपका विवेक जाग्रत है, तो आपमें सत्वगुण प्रधान है। अगर स्वार्थ प्रधान है और आप कर्मठ हैं, तो आपमें रजोगुण की प्रधानता है। अगर तमोगुण प्रधान है, तो आपमें आलस और जड़ता की प्रवृत्तियाँ होंगी। पहले तमोगुण से रजोगुण तक पहुँचने की कोशिश करें और फिर सत्वगुण तक पहुँचने का प्रयास करें।

कर्म के तीन प्रकार के फल

मूल विचार : भगवान श्रीकृष्ण कहते हैं, सात्विक कार्य का पुरस्कार सुख, बुद्धिमत्ता और अनासक्ति है। राजस कार्य का फल है दुख, जबकि तामसिक कार्य का फल है अज्ञान।

बिंदु : यहाँ भगवान श्रीकृष्ण तीनों गुणों के आधार पर किए गए कर्म का फल बताते हैं।

युवाओं के लिए संदेश : यदि आप सुख पाना चाहते हैं, तो सात्विक कार्य करें। यदि आप राजस कार्य करते हैं, तो आपको अंततः दुख मिलेगा, क्योंकि इस संसार की सभी चीज़ें नश्वर हैं और व्यक्तियों या वस्तुओं के चले जाने से आपको दुख होगा। प्रेम की भावना आसक्ति से प्रेरित होती है, इसलिए यह रजोगुण की श्रेणी में आती है। रजोगुण का उदाहरण देखें। प्रेमी या प्रेमिका से मिलने पर आपको उस समय सुख मिलता है, लेकिन जब वह आपको छोड़कर चला जाता है या चली जाती है, तो आप दुखी होते हैं। तामसिक कार्य का फल अज्ञान है, अतः आपको इससे दूर रहना चाहिए।

प्रगति या अवनति की मानसिकता

मूल विचार : भगवान श्रीकृष्ण कहते हैं, सात्विक लोग हमेशा ऊपर की ओर का रास्ता चुनते हैं, जबकि राजस स्वभाव के लोग मध्य में रहते हैं। और तामसिक स्वभाव के लोग नीचे की ओर डूब जाते हैं।

बिंदु : यहाँ भगवान श्रीकृष्ण बताते हैं कि मनुष्य में किस गुण की प्रधानता के कारण वह उन्नति या अवनति के मार्ग पर चलता है।

युवाओं के लिए संदेश : आपको प्रगतिशील होना चाहिए और उन्नति के प्रयास करना चाहिए। तामसिक स्वभाव के लोग अवनति करते हैं, क्योंकि उनमें आलस और अज्ञान के अलावा जड़ता और निष्क्रियता होती है। कर्मशील बनें और अपने क्षेत्र में सर्वश्रेष्ठ बनने का प्रयास करें, क्योंकि यही प्रगति का मार्ग है।

ईश्वर के साथ तादात्म्य से गुणों पर विजय पाई जा सकती है

मूल विचार : भगवान श्रीकृष्ण कहते हैं, जो साक्षी की तरह बैठा होता है, वह गुणों से विचलित नहीं होता और जो जानता है कि गुण ही गुणों में भ्रमण करते हैं, वह ईश्वर के साथ तादात्म्य में स्थिर रहता है। वही मनुष्य तीन गुणों से ऊपर उठा माना जाता है, जो दुख और सुख को समभाव से ले, जो मिट्टी, पत्थर और सोने को समान मूल्य का समझे, जो सम्मान या अपमान में संतुलित रहे और जो सभी कार्यों में कर्ता भाव का त्याग कर दे।

बिंदु : कर्ता भाव का त्याग और राग-द्वेष छोड़कर समभाव में रहना यानी स्थितप्रज्ञ होना श्रेयस्कर है।

युवाओं के लिए संदेश : समभाव मुश्किल है, कर्ता भाव छोड़ना और भी मुश्किल है। लेकिन अगर यह ज्ञान हो जाए कि गुणों से विचलित नहीं होना है और गुण ही गुणों को भोगते हैं, तो मनुष्य को मानसिक संतोष मिलेगा। तीन गुणों से ऊपर उठना बहुत मुश्किल है, लेकिन यथासंभव सत्वगुण तक पहुँचने का प्रयास करना चाहिए।

15

पुरुषोत्तम योग

सारांश

भगवान श्रीकृष्ण कहते हैं, इस देह में यह सनातन जीवात्मा मेरा ही अंश है और वही प्रकृति में स्थित मन और पाँचों इंद्रियों को आकर्षित करता है। जीवात्मा जिस शरीर का त्याग करता है, उससे मन सहित इन इंद्रियों को ग्रहण करके नए शरीर में जाता है। शरीर नाशवान है, किंतु जीवात्मा अविनाशी है। जो ज्ञानी पुरुष मुझको इस प्रकार तत्व से पुरुषोत्तम जानता है, वह सर्वज्ञ पुरुष सब प्रकार से निरंतर मुझ वासुदेव परमेश्वर को ही भजता है।

ईश्वर के ध्यान से मुक्ति मिलती है

मूल विचार : भगवान श्रीकृष्ण कहते हैं, मनुष्य को मेहनत से ईश्वर या मोक्ष को प्राप्त करने का प्रयास करना चाहिए, जो जन्म-मरण के चक्र से मुक्ति प्रदान करता है। उसे उस पर केंद्रित होकर निरंतर उसका ध्यान करना चाहिए।

बिंदु : भगवान श्रीकृष्ण कहते हैं कि नश्वर वस्तुओं या व्यक्तियों का मोह छोड़कर मनुष्य को आत्मा और परमात्मा पर ध्यान देना चाहिए।

युवाओं के लिए संदेश : लक्ष्य पर ध्यान केंद्रित करें। चाहे आप ईश्वर को प्राप्त करना चाहते हों या लक्ष्य प्राप्त करना चाहते हों, मुख्य चीज़ पर ध्यान केंद्रित करें और दिन-रात उसी के बारे में सोचते रहें। तभी आपको आंतरिक प्रेरणा मिलेगी और आप सफल होंगे।

आत्मा परमात्मा का अंश है

मूल विचार : भगवान श्रीकृष्ण कहते हैं, इस शरीर में वास करने वाली शाश्वत जीवात्मा मेरे ख़ुद के स्वरूप का अंश है और यही अपने चारों ओर मन और पाँच इंद्रियों को बाँधती है, जिनका वास प्रकृति में है।

बिंदु : यहाँ भगवान श्रीकृष्ण कहते हैं कि हर मनुष्य की आत्मा वास्तव में परमात्मा का ही अंश है।

युवाओं के लिए संदेश : आप परमात्मा के अंश हैं, यह विचार महत्त्वपूर्ण है, क्योंकि इससे आपको सात्विक जीवन जीने की प्रेरणा मिलती है और आप अच्छे काम करते हैं। ख़ुद को अकेला या कमज़ोर नहीं मानें। आपमें पर्याप्त शक्ति है, क्योंकि आपके अंदर सर्वशक्तिमान का अंश है। इस विचार से आपको आत्मविश्वास मिलता है और आप प्रगति करने के लिए प्रेरित होते हैं।

आत्मा शरीर को नियंत्रित करती है

मूल विचार : भगवान श्रीकृष्ण कहते हैं, जीवात्मा शरीर को नियंत्रित करती है। जब यह शरीर में रहती है, तो मन और इंद्रियाँ काम करती हैं; जब यह शरीर को छोड़ जाती है, तो हर चीज़ काम करना बंद कर देती है।

बिंदु : यहाँ भगवान श्रीकृष्ण बताते हैं कि शरीर का अस्तित्व आत्मा पर निर्भर करता है, इसलिए आत्मा श्रेष्ठ है।

युवाओं के लिए संदेश : आपकी आत्मा शरीर से ज़्यादा महत्त्वपूर्ण है और यही असली महत्त्व की चीज़ है। मन और इंद्रियों को यही चलाती है, इसलिए अपनी आत्मा पर ध्यान दें, क्योंकि इसी के कारण बाक़ी का अस्तित्व है।

शरीर नश्वर है

मूल विचार : भगवान श्रीकृष्ण कहते हैं, नश्वर और अनश्वर – इस संसार में दो प्रकार के पुरुष हैं। सभी जीवों के शरीर नश्वर हैं, जबकि जीवात्मा अनश्वर है।

बिंदु : यहाँ शरीर और आत्मा के भेद को इंगित किया गया है। अनश्वर जीवात्मा (परमात्मा का अंश) है; सभी जीवधारी नश्वर हैं।

युवाओं के लिए संदेश : अपने शरीर को नश्वर मानने से आप सत्कर्म करने के लिए प्रेरित होते हैं। जब आप यह समझ जाते हैं कि इस संसार में आपका समय सीमित है, तो आप केवल वही काम करते हैं, जिसके लिए आपको इस संसार में भेजा गया है।

ईश्वर सबसे ऊपर है

मूल विचार : मैं क्षेत्र (शरीर) के नश्वर संसार से परे हूँ और अनश्वर जीवात्मा से भी श्रेष्ठ हूँ, इसीलिए मुझे पुरुषोत्तम नाम से भी पुकारा जाता है।

बिंदु : यहाँ भगवान श्रीकृष्ण बताते हैं कि अनश्वर होने के कारण उन्हें पुरुषोत्तम कहा जाता है।

युवाओं के लिए संदेश : ईश्वर की पूजा करें, क्योंकि वही सब कामों में सफलता दिलाता है। ईश्वर की दी हुई प्रेरणा से ही सफलता मिलती है।

16

दैवासुर संपद्विभाग योग

सारांश

इस अध्याय में भगवान श्रीकृष्ण दैवी संपदा और आसुरी संपदा को लेकर उत्पन्न हुए पुरुषों के लक्षण बताते हैं। वे कहते हैं कि दंभ, घमंड और अभिमान तथा क्रोध, कठोरता और अज्ञान ये सब आसुरी संपदा को लेकर उत्पन्न हुए पुरुष के लक्षण हैं। दैवी संपदा मुक्ति के लिए और आसुरी संपदा बाँधने के लिए मानी गई है। इस लोक में मनुष्य दो ही प्रकार के होते हैं, एक तो दैवी प्रकृति वाले और दूसरी आसुरी प्रकृति वाले। काम, क्रोध और लोभ - ये तीनों नरक के द्वार हैं, इसलिए इन तीनों को त्याग देना चाहिए। मनुष्य को शास्त्रविधि से नियत कर्म ही करना चाहिए, जो उसका कर्तव्य है।

श्रेष्ठ पुरुष के लक्षण

मूल विचार : भगवान श्रीकृष्ण कहते हैं, अहंकार का अभाव, सात्विक दान, इंद्रियों का दमन, परमात्मा के नाम का जप, अन्त:करण की निर्मलता, मन, वाणी और शरीर से किसी को कष्ट न देना, कर्मों में कर्तापन के अभिमान का त्याग, किसी की भी निंदा न करना, इंद्रियसुखों के प्रति अनासक्ति, किसी के प्रति शत्रु भाव का न होना, क्षमा, तेज़ और धैर्य ये सब दैवी संपदा वाले पुरुष के लक्षण हैं। ये मोक्ष की ओर ले जाते हैं।

बिंदु : यहाँ भगवान श्रीकृष्ण दैवी संपदा वाले मनुष्यों के लक्षण बताते हैं।

युवाओं के लिए संदेश : इन सबको जीवन में उतारना बहुत मुश्किल अवश्य है, लेकिन असंभव नहीं। तो हम अगर ठान लें, तो इनमें से एक या कुछ को अपने जीवन में उतार सकते हैं। जैसे किसी की भी निंदा न करना या भगवान के नाम का जप करना या सात्विक दान देना आदि।

निकृष्ट मनुष्य के गुण

मूल विचार : भगवान श्रीकृष्ण कहते हैं, पाखंड, घमंड, क्रोध, कठोरता और अज्ञान – ये सब आसुरी गुणों वाले मनुष्य के लक्षण हैं। ये बंधन में बाँधते हैं।

बिंदु : यहाँ भगवान श्रीकृष्ण आसुरी या राक्षसी गुणों वाले मनुष्यों के लक्षण बताते हैं।

युवाओं के लिए संदेश : ऊपर बताए सभी गुण दुर्गुण हैं और हमें इन्हें छोड़ने का प्रयास करना चाहिए। काम मुश्किल है, लेकिन जैसा पहले बताया गया है, अगर हम इनमें से किसी एक या कुछ को चुन लें, तो यह करना संभव है। बेंजामिन फ्रैंकलिन ने एक सप्ताह में एक-एक करके अपनी बुरी आदतों को छोड़ा था। हम भी उनका अनुकरण कर सकते हैं।

इस संसार में दोनों प्रकार के लोग होते हैं

मूल विचार : भगवान श्रीकृष्ण कहते हैं, इस संसार में केवल दो प्रकार के लोग हैं, दैवी प्रकृति वाले और आसुरी प्रकृति वाले।

बिंदु : भगवान श्रीकृष्ण बताते हैं कि इस संसार में मनुष्य या तो दैवी प्रकृति वाले होते हैं या आसुरी प्रकृति वाले।

युवाओं के लिए संदेश : संसार में अच्छे-बुरे दोनों तरह के लोग होते हैं। यह हम पर निर्भर करता है कि हम किस तरह के लोगों के साथ रहने का चुनाव करते हैं। अगर हम अच्छे लोगों के साथ रहेंगे, तो अच्छे बनेंगे। अगर बुरे लोगों के साथ ज़्यादा रहेंगे, तो हम भी उन्हीं जैसे बन जाएँगे।

बुरे लोग किस तरह काम करते हैं

मूल विचार : भगवान श्रीकृष्ण कहते हैं, आसुर स्वभाव वाले मनुष्य नहीं जानते कि क्या करना सही रहेगा या नहीं रहेगा। उनमें बाहरी-भीतरी शुद्धि नहीं होती, न ही श्रेष्ठ आचरण या सत्यभाषण होता है। उनमें अपूर्ण इच्छाएँ होती हैं और वे घमंड के साथ काम करते हैं। वे केवल इंद्रियसुखों के भोग के प्रति समर्पित होते हैं। वे अपेक्षा के सैकड़ों धागों से बँधे होते हैं और काम-क्रोध के शिकार होते हैं। वे अनुचित साधनों से इंद्रियसुखों की ख़ातिर ढेर सारा पैसा और अन्य वस्तुओं का संग्रह करते हैं। वे दूसरों की निंदा करते हैं।

बिंदु : यहाँ आसुर स्वभाव वाले मनुष्यों के लक्षण विस्तार से बताए गए हैं, जिनमें तमोगुण और रजोगुण दोनों शामिल हैं।

युवाओं के लिए संदेश : ऊपर बताया गया है कि मनुष्य को कैसे काम नहीं करना चाहिए। काम-क्रोध-मद-लोभ ये चारों ही मनुष्य के शत्रु हैं और उसके ज़्यादातर दुखों का कारण हैं। आप इनमें से किसी एक को चुन लें और उसे छोड़ने की दिशा में काम करें।

नरक के तीन द्वार ये हैं

मूल विचार : भगवान श्रीकृष्ण कहते हैं, काम, क्रोध और लोभ – नरक के ये तीन द्वार आत्मा को अधोगति में ले जाते हैं, इसलिए मनुष्य को इनका त्याग करना चाहिए। नरक के इन तीन द्वारों से मुक्त जो पुरुष अपने कल्याण का आचरण करता है, वह परम गति को प्राप्त करता है।

बिंदु : यहाँ भगवान श्रीकृष्ण तमोगुण और रजोगुण की प्रवृत्तियों से बचने और उबरने की सलाह देते हैं।

युवाओं के लिए संदेश : नरक का मूल द्वार काम अर्थात् इच्छा है। इच्छा पूरी होने पर लोभ बढ़ता है यानी और अधिक की इच्छा होने लगती है। इच्छा पूरी न होने पर क्रोध आता है। अर्थात् काम या कामना ही मुख्य पाप है, जिससे क्रोध और लोभ उत्पन्न होते हैं। अपनी इच्छाओं को कम करें और काम-क्रोध-लोभ से यथासंभव बचें। इनमें लोभ से बचना सबसे आसान है, क्रोध दूसरे स्थान पर है और काम को जीतना सबसे मुश्किल है।

17

श्रद्धात्रयविभाग योग

सारांश

इस अध्याय में भगवान श्रीकृष्ण सत्वगुण, रजोगुण और तमोगुण इन तीन गुणों वाले भक्त, भोजन, यज्ञ, तप और दान का वर्णन करते हैं।

श्रद्धा तीन प्रकार की होती है

मूल विचार : भगवान श्रीकृष्ण कहते हैं, मनुष्यों की निहित स्वभाव से उत्पन्न श्रद्धा तीन प्रकार की होती है – सात्विक, राजसी और तामसी। सभी मनुष्यों की श्रद्धा उनके अंत:करण के अनुरूप होती है। जो पुरुष जैसी श्रद्धा वाला है, वह स्वयं भी वही है। सात्विक पुरुष देवों को पूजते हैं, राजस पुरुष यक्ष और राक्षसों को पूजते हैं, जबकि तामसिक मनुष्य प्रेतों और भूतों को पूजते हैं।

बिंदु : यहाँ भगवान श्रीकृष्ण मनुष्यों की श्रद्धा के तीन प्रकार बताते हैं, जिनका आधार तीनों गुण हैं।

युवाओं के लिए संदेश : यहाँ निहितार्थ यह है कि सात्विक लोग भविष्य के परम आनंद की सोचते हैं, राजस लोग वर्तमान भोग की सोचते हैं, जबकि तामसिक लोग अतीत के द्वेष में ही उलझे रहते हैं। राजस लोग राक्षसों या यक्षों की पूजा इसलिए करते हैं, क्योंकि उन्हें ख़ुश करना आसान होता है और वे भौतिक व शारीरिक भोग के वरदान भी जल्दी दे देते हैं।

तीन प्रकार के आहार

मूल विचार : भगवान श्रीकृष्ण कहते हैं, आयु, बुद्धि, बल, आरोग्य, सुख व प्रसन्नता बढ़ाने वाले, रसीले, चिकने और स्वभाव से ही मन को प्रिय – ऐसे आहार सात्विक स्वभाव वाले मनुष्य को प्रिय होते हैं। कड़वे, खट्टे, नमकीन, बहुत गरम, तीखे, रूखे, दाहकारक और दुख, चिंता व रोग उत्पन्न करने वाले आहार राजस मनुष्य को प्रिय होते हैं। अधपके, रसरहित, दुर्गंधयुक्त, बासी और अपवित्र आहार तामसिक मनुष्य को प्रिय होते हैं।

बिंदु : यहाँ भगवान श्रीकृष्ण बताते हैं कि तीनों गुण वाले मनुष्यों को कैसे आहार पसंद होते हैं।

युवाओं के लिए संदेश : स्वास्थ्यवर्धक आहार सात्विक होता है। तेल–मसाले, खट्टे, कड़वी, नमकीन आदि आहार राजस होता है। तामसिक मनुष्य वर्जित पदार्थों का सेवन करते हैं। यथासंभव सात्विक आहार लेने की कोशिश करें, जो स्वास्थ्य और ऊर्जा प्रदान करे। बहुत तले–भुने आहार या फास्ट फूड से बचें, क्योंकि इससे कष्ट और रोग उत्पन्न हो सकते हैं। आधुनिक संसार की बहुत सी स्वास्थ्य समस्याएँ आहार से उत्पन्न होती हैं, इसलिए आपको अपना आहार सावधानी से चुनना चाहिए। बहुत तेल–मसाले वाला गरिष्ठ भोजन आपको आलसी भी बना सकता है।

शरीर, वाणी और मन के तप

मूल विचार : भगवान श्रीकृष्ण कहते हैं, देवता, ब्राह्मण, गुरु और ज्ञानीजनों का पूजन, पवित्रता, सरलता, ब्रह्मचर्य और अहिंसा – ये शरीर संबंधी तप हैं। दूसरों को विचलित न करने वाले, सत्य, प्रिय और हितकारक वचन बोलना तथा वेद–शास्त्रों को पढ़ना व ईश्वर के नाम का जप करना वाणी संबंधी तप है। मन की प्रसन्नता, शांत भाव, ईश्वर के चिंतन का स्वभाव, मन का नियंत्रण और अंत:करण के भावों की पवित्रता – ये मन संबंधी तप हैं।

बिंदु : यहाँ भगवान श्रीकृष्ण शरीर और मन संबंधी तप की व्याख्या करते हैं।

युवाओं के लिए संदेश : अपने शरीर, वाणी और मन के बारे में सावधान रहें। इनके बारे में सजग रहें। दूसरों की निंदा करने में मनुष्य को आनंद आता है, लेकिन यह सात्विक मनुष्य का काम नहीं है। वाणी संबंधी तपस्वी वही होता है, जो दूसरों की निंदा या आलोचना नहीं करता और हमेशा सत्य, प्रिय और हितकारक वचन बोलता है। अर्थात् हमें ऐसे वचन नहीं बोलना चाहिए, जो सत्य, प्रिय और हितकारक न हों। इन तीन कसौटियों पर अपने वचन को तौलकर उसे बोलने या न बोलने का निर्णय लें।

सात्विक, राजस और तामसिक तप

मूल विचार : भगवान श्रीकृष्ण कहते हैं, ये तीनों तप अगर पूरी श्रद्धा से फल की इच्छा के बिना किए जाएँ, तो इन्हें सात्विक कहा जाता है। यदि तप यश, सम्मान या किसी स्वार्थपूर्ण लाभ या दिखावे के लिए किया जाता है, तो यह अनिश्चित व क्षणिक फल देता है और यह राजस कहलाता है। जो तप मूढ़तापूर्वक हठ से या किसी दूसरे का अनिष्ट करने के लिए किया जाता है, वह तप तामसिक होता है।

बिंदु : यहाँ भगवान श्रीकृष्ण तीनों गुणों के आधार पर तप की व्याख्या करते हैं।

युवाओं के लिए संदेश : रोचक बात यह है कि काम वही रहता है, लेकिन संकल्प या इरादे के कारण उसके गुण बदल जाते हैं। यानी किसी काम में आपके इरादे से ही यह तय होता है कि आप अच्छा काम कर रहे हैं या नहीं। यदि काम दूसरों के हित के लिए किया जा रहा है, तो यह सात्विक है। यदि काम स्वयं के हित के लिए किया जा रहा है, तो यह राजस की श्रेणी में आता है। यदि काम दूसरों के अहित के लिए किया जा रहा है, तो यह तामसिक है।

दान कैसा होता है?

मूल विचार : भगवान श्रीकृष्ण कहते हैं, नि:स्वार्थ भाव से कर्तव्य समझकर दान देना सात्विक होता है, जिसे देश-काल-परिस्थिति के अनुसार सुपात्र को दिया जाता है। यदि दान दुख के साथ प्रसिद्धि, नाम या स्वार्थपूर्ण फल को देखकर दिया जाता है, तो वह दान राजस कहा गया है। जो दान बिना सत्कार के अथवा तिरस्कारपूर्वक अयोग्य देश-काल-परिस्थिति में और कुपात्र को दिया जाता है, तो वह दान तामसिक कहलाता है।

बिंदु : यहाँ भगवान श्रीकृष्ण तीन गुणों के आधार पर दान का वर्णन करते हैं।

युवाओं के लिए संदेश : दान देने से पहले अपने इरादे की जाँच करें। क्या आप टैक्स में छूट लेने के लिए दान दे रहे हैं? क्या आप भौतिक सुख-सुविधा की ख़ातिर मंदिर में पैसे चढ़ा रहे हैं? क्या आप दूसरे लोगों की प्रशंसा सुनने के लिए पक्षियों को दाना-पानी दे रहे हैं? इरादा ही सबसे महत्त्वपूर्ण होता है।

18

मोक्षसंन्यास योग

सारांश

इस अध्याय में भगवान श्रीकृष्ण सात्विक, राजस और तामसिक त्याग के बारे में बताते हैं। वे कहते हैं कि आसक्ति और कर्मफल का त्याग करके यज्ञ, दान और तप तीनों अवश्य करना चाहिए। कर्तव्य हमेशा करना चाहिए। जो शास्त्रविहित कर्म करना कर्तव्य है – उसे आसक्ति और कर्मफल का त्याग करके करना सात्विक त्याग है। कर्मफल का त्याग न करने वाले मनुष्यों के कर्मों का अच्छा, बुरा और मिश्रित फल मरने के बाद मिलता है, किंतु कर्मफल का त्याग करने वाले मनुष्यों के कर्मों का फल नहीं मिलता, अर्थात् वे सीधे मोक्ष प्राप्त करते हैं। इस अध्याय में भगवान श्रीकृष्ण गुणों के आधार पर तीन प्रकार के कर्म, कर्ता, ज्ञान, बुद्धि, सुख, चतुर्वर्ण के कर्तव्यों के बारे में बताते हैं। अंत में वे कहते हैं कि जो मनुष्य भगवद्गीता को एकाग्रचित्त होकर भक्ति भाव और श्रद्धा से पढ़ेगा या सुनेगा, वह समस्त पापों से मुक्त हो जाएगा।

इस अध्याय के अंत में अर्जुन कहते हैं कि हे भगवन, आपकी कृपा से मेरा मोह और संशय नष्ट हो गया है, अतः अब मैं आपकी आज्ञा का पालन करने के लिए तत्पर हूँ।

त्यागी कौन है?

मूल विचार : कुछ विद्वान समझते हैं कि संन्यास काम से प्रेरित कर्मों के त्याग को कहते हैं, जबकि दूसरे बुद्धिमान लोग कहते हैं कि सब कर्मों के फल का त्याग ही त्याग होता है। चूँकि देहधारी सभी कर्म पूरी तरह नहीं छोड़ सकता, इसलिए संन्यासी वही है, जो कर्मों के फल का त्याग करता है।

बिंदु : यहाँ भगवान श्रीकृष्ण कर्मफल के त्याग को सबसे बड़ा त्याग बताते हैं।

युवाओं के लिए संदेश : कर्म छोड़ना असंभव है, कर्मों के फल का त्याग करना भी मुश्किल है, लेकिन आप अच्छे कर्म करने पर ध्यान केंद्रित कर सकते हैं, जिनसे परोपकार हो। काम से प्रेरित कर्म का अर्थ धन, स्त्री, पुत्र आदि प्रिय वस्तुओं की प्राप्ति और रोग-संकट आदि से मुक्ति के लिए यज्ञ, दान, तप और उपासना आदि कर्मों से भी है। सत्वगुण के संदर्भ में इसका अर्थ है, अपना कर्तव्य करना और लोक-परलोक की संपूर्ण कामनाओं का त्याग करना।

ब्रह्मचर्य (विद्यार्थी, 25 साल की उम्र तक), गृहस्थ (25 से 50 साल की उम्र तक), वानप्रस्थ (50 से 75 साल की उम्र तक) और संन्यास (75 साल की उम्र के बाद) ये चार आश्रम हैं। संन्यास का अर्थ है संसार को त्याग देना। अपनी उम्र और परिस्थितियों के अनुसार अपना कर्तव्य करें, अपनी भूमिका निभाएँ और इसे नि:स्वार्थ भाव से करें।

कर्मों की सिद्धि के पाँच घटक

मूल विचार : भगवान श्रीकृष्ण कहते हैं, कर्मों की सफलता में पाँच घटक काम करते हैं : देह, कर्ता, विभिन्न प्रकार के अंग, विभिन्न चेष्टाएँ और दैव अर्थात् प्रारब्ध। ज्ञाता, ज्ञान और ज्ञेय ये तीन प्रकार की कर्मप्रेरणा हैं। कर्ता, करण (जिन साधनों से कर्म किया जाए) तथा क्रिया – ये तीन प्रकार का कर्मसंग्रह है।

बिंदु : यहाँ भगवान श्रीकृष्ण सफलता के पाँच घटक बताते हैं।

युवाओं के लिए संदेश : ऊर्जा ही सारे कर्म का स्त्रोत है, अत: ऊर्जावान बने रहने के प्रयास करें। फिर वांछित परिणाम हासिल करने के लिए आवश्यक कर्म करें। और बाक़ी सब दैव यानी भाग्य पर छोड़ दें। यदि आप अपने सर्वश्रेष्ठ प्रयासों के बावजूद असफल हो जाते हैं, तो सबक़ सीखें और आगे बढ़ जाएँ।

कर्म तीन प्रकार के होते हैं

मूल विचार : भगवान श्रीकृष्ण कहते हैं, कर्म सात्विक, राजस और तामसिक होते हैं। जो कर्म शास्त्रानुसार किया जाए, जिसे करने वाला कर्तापन के अभिमान से रहित हो तथा जिसमें फल की इच्छा न हो, उसे राग-द्वेष के बिना करना सात्विक होता है। जिस कर्म में बहुत परिश्रम लगे और जो भोग चाहने वाले या अहंकारयुक्त पुरुष द्वारा किया जाए, उस कर्म को राजस कहा जाता है। जो कर्म परिणाम, हानि, हिंसा और सामर्थ्य पर विचार न करके पूर्ण अज्ञान से प्रारंभ किया जाता है, उसे तामसिक कहा जाता है।

बिंदु : यहाँ भगवान श्रीकृष्ण तीन गुणों के आधार पर कर्म की व्याख्या करते हैं।

युवाओं के लिए संदेश : युवावस्था में सात्विक कर्ता बनना मुश्किल है, इसलिए आपको कम से कम राजस कर्ता बनने का प्रयास करना चाहिए। संसार में प्रगति करने के लिए अपने ज्ञान और बुद्धि का इस्तेमाल करें। आप जो आनंद और जिस प्रकार का जीवन चाहते हैं, उसके लिए परिश्रम करें। गृहस्थ आश्रम में राजस कर्ता बनें, यानी श्रम करें। याद रखें, राजस कर्ता में अहंकार का भाव भी होता है, जिससे आपको बचना चाहिए।

तीन प्रकार के सुख

मूल विचार : भगवान श्रीकृष्ण कहते हैं, जिस सुख में मनुष्य भजन, ध्यान और सेवादि के अभ्यास से रमण करता है और जिससे दुखों का अंत हो जाता है, वह सात्विक सुख है। सात्विक सुख प्रारंभ में विष जैसा लगता है, लेकिन परिणाम में अमृत समान होता है। जो सुख विषय और इंद्रियों के संयोग से होता है, वह भोगते समय तो अमृत जैसा लगता है, लेकिन उसका परिणाम विष जैसा होता है, उसे राजस सुख कहा जाता है। जो सुख भोगकाल और परिणाम में भी आत्मा को मोहित करता है - वह निद्रा, आलस्य और प्रमाद से उत्पन्न सुख तामसिक कहलाता है।

बिंदु : यहाँ भगवान श्रीकृष्ण तीन गुणों के आधार पर सुख की व्याख्या करते हैं।

युवाओं के लिए संदेश : सुख की इच्छा करना अच्छी बात है, लेकिन यह ध्यान रखें कि कहीं उसकी वजह से दुख उत्पन्न न हो। जैसे किसी लड़की से प्रेमसंबंध में सुख मिलता है, लेकिन ब्रेकअप होने के बाद वही सुख दुख में बदल जाता है। इसी को आरंभ में अमृत जैसा और अंत में विष जैसा बताया गया है।

गीता पढ़ने से स्वर्ग मिल सकता है

मूल विचार : भगवान श्रीकृष्ण कहते हैं, जो भी श्रद्धा से इस गीता को पढ़ेगा या सुनेगा, वह समस्त पापों से मुक्त हो जाएगा और देवलोक को प्राप्त करेगा। अर्जुन कहता है, 'कृष्ण, आपकी कृपा से मेरी मूढ़ता और मोह नष्ट हो चुके हैं और अब मैं संशयरहित हूँ, इसलिए अब मैं आपकी आज्ञा का पालन करूँगा और युद्ध करूँगा।'

बिंदु : यहाँ भगवान श्रीकृष्ण भगवद्गीता का महत्त्व बताते हैं कि इसे पढ़ने या सुनने वाला समस्त पापों से मुक्त हो जाएगा।

युवाओं के लिए संदेश : जब हमारी शंका नष्ट हो जाती है और आँख पर बँधी मोह-माया की पट्टी उतर जाती है, तब हम अपना कर्तव्य करने के लिए तत्पर हो जाते हैं। इसलिए विवेक और बुद्धि का इस्तेमाल करें। भगवद्गीता को समय-समय पर पढ़ते रहें, ताकि आपको परिस्थिति के अनुसार नए-नए अर्थ समझ आएँ और प्रगति की प्रेरणा मिल सके।